歴博フォーラム　歴史系博物館の現在《いま》・未来《これから》

歴史展示とは何か

歴史展示とは何か　歴博フォーラム　歴史系博物館の現在《いま》・未来《これから》

目次

歴博フォーラム

「歴史系博物館の現在《いま》・未来《これから》」開催にあたって

久留島　浩

本日は、遠くからお越しいただき、ほんとうにありがとうございます。じつは、私たちの博物館で、博物館活動そのものに関わるこのようなフォーラムを行なうのは、はじめてです。事前の宣伝も不十分なのに、多くのみなさまにお集まりいただいたことを、まず心から感謝申し上げます。

さて、私たちの博物館は、現在岐路にたっています。いまのところ、国立では唯一の歴史民俗系の博物館であると同時に、歴史学・民俗学・考古学などの協業に基づいて日本の歴史と文化に関する研究を行なう研究所[*1]としての側面をも併せ持っていますが、二〇〇四年度以降はどのようになるかわかりません。それはほかの四つの大学共同利用機関と一緒になって、人間文化研究機構[*2]になることが決まっているからです。そのなかには、国立民族学博物館も入っており、博物館をもつ機関が二つも含まれるのですが、その「博物館」部分の取り扱いについては、確たる方針が出されていません。もちろん、私たちの館と国立民族学博物館との間でも、あるいはそれぞれの館の中でさえ、博物館についての考え方にはかなりの違いがあるようです。

このように申しますと、なぜ自分たちだけに関わる、いわば「私的」な話から始めるのか、不思議に思われる方もいらっしゃるのではないかとは思います。しかし、それは、「博物館」という名のついたこの二つの大学共同利用機関に対して、今後どのような評価が下されるかということが、他の博物館にとっても決して無関係ではないと考えるからです。伝え聞いた

*1　現在、一七ある文科省の大学共同利用機関のひとつ。

*2　国立民族学博物館、国文学研究資料館、国際日本文化研究センター、総合地球環境学研究所と国立歴史民俗博物館という五つの文化系機関が、大学共同利用機関法人・人間文化研究機構を形成する。

話ですと、文科省からは、研究機関として研究業績で評価されたいのか、博物館として社会教育効果で評価されたいのかはっきりしろ、というかたちで選択肢をつきつけられているということです。しかし、この研究活動と博物館活動とは本来矛盾するようなものなのでしょうか。少なくとも、館に来る人々にとって、それは「国民」や「外国人」であることを問わず、矛盾するものなのでしょうか。どちらかでしか評価できない理由とは、どのようなことなのでしょうか——推測に過ぎませんが、博物館活動を続けるならば、一足早く独立行政法人となった「国立博物館」に加わればよいという意味なのでしょう。実際、新しくできる九州国立博物館[*3]は、そのなかに入ると聞いています。しかし、そこでは本当に研究の自由や展示というかたちでの表現の自由は保障されているのでしょうか——。そう考えると、現在多くの自治体の博物館で、予算が削減され、学芸員自身の研究に基づいた展示が不可能になりつつあるときだからこそ、こうした二者択一的な選択の問題点について論ずる必要があると思われてならないのです。

少なくとも、私たちは、研究成果を博物館で展示するということは、観客が、新しい研究成果をより深く、より楽しく理解するという意味で重要な仕事であると考えますが、それだけにはとどまりません。展示した側にとっては、展示する過程で、あるいは展示したものをはさんで、観客や展示の対象とした「文化」をもつ人々との間で議論ができるならば、新たな研究の課題を発見できる、少なくとも研究する視野を広げることができるのではないかと

＊3　九州国立博物館は、福岡県太宰府市に二〇〇五年開館予定。アジア諸地域との交流によって築かれてきた日本文化の歴史を認識し、アジア史的観点から捉えていく博物館をめざすとしている。東京、京都、奈良と同じ組織の「独立行政法人国立博物館」である。

も考えています。その意味では、博物館という「研究成果を展示する場」をもっている研究機関という独自性は、もう少し大切にしてもよいのではないかと思います。

さて、現在、とくに日本では――博物館に先進的な諸国ではすでに当たり前になっている――、生涯学習の必要が喧伝される中で、博物館や美術館（以下、ここでは総称して「博物館」と呼ぶ）の果たすべき役割に多くの注目と期待が集まっているようです。また、新しい学習指導要領では、博物館を活用することが以前に増して強く求められているようです。しかし、どのようにすれば、期待されている博物館の機能を果たすことができるのかは、少なくとも歴史民俗系・民族学系の博物館にとっては自明のことではありません。それどころか、そもそも博物館がどのような存在であって、展示をすることはどのような意味をもっているのか、ということ自体がようやく問われるようになってきたというのが、多くの博物館にとっての「現実」なのではないでしょうか。もちろん、自館や他館の収蔵物を自分たちの研究に基づいて展示すればよいのだ、観客にどのように理解されようとかまわず一方的に展示してもよいのだ、と考えている学芸員は少なくなっていると思います。しかし、展示するという行為やその結果展示されたものが果たす役割について、じっくり考えたり、広く議論する機会があったかというと、とくに歴史民俗系博物館ではほとんどなかったのではないでしょうか。しかも、博物館に寄せられている期待は、「国民国家の国策」としての狭い意味での生涯学習や学校教育の役割だけではないようです――文科省がどのように考えているか知りませんが、少なくとも近年、日博協（日本博物館協会）では、市民参加の博物館をめざす方向をはっきり示しています。「国民」ではなく「市民」が主体になる博物館です――。[*4] むしろ、どのような人であれ――国籍を含めてその人の属性の違いを越えて――来館して展示を観た人が、そこで知識や知識以外の何を得ることができるのか、どのようにすればそれを得ることができるのか、あるいは展示する側と観る側が展示された物や人の生活や文化をめぐってどのように交流できるか、さらには「同時代」を展示する場合には、展示された「文化」の担い手も交えてどのように交流できるか、ということなどが問われているのです。

このような博物館そのものについての研究を行ない、その成果を広く公表することは、「研究博物館」を標榜してきた私たちの博物館に課された重要な役割の一つだったはずなのですが、残念ながらこれまでは実現することができませんでした。一九九八年からは、教員有志からなるボランティア的なグループに教育活動の試行が許され、その翌年になるとこのグループは、館のボランティア養成をも含めた博物館教育プログラムを試行する「教育プロジェクト」と改称されました。[*5] この「教育プロジェクト」が中心となって申請し、二〇〇〇年度からは、開館してほぼ二〇年間ではじめてのことなのですが、博物館そのものについての研究テーマで科学研究費補助金を得ることができました。[*6] そこでは、①歴史民俗系・民族学系博物館においてこれから必要な教育プログラム・教育システムについての実践的な研究を先

＊4　日博協では「対話と連携」をスローガンに、市民や博物館同士の対話やネットワークの必要性を強調している。『「対話と連携」の博物館―理解への対話・行動への連携―［市民とともに創る新時代博物館］』（二〇〇〇年一二月）がもっとも詳しい。このほかに一九九二年米国博物館協会報告書『卓抜と均等教育と博物館がもつ公共性の様相』の翻訳版（二〇〇〇年三月）、『博物館における学習支援に関する国際比較調査中間報告書』（二〇〇〇年三月）が出されている。

＊5　二〇〇二年度末、教育プロジェクトは廃止された。

＊6　「生涯学習時代における博物館教育・教育員養成および歴史展示に関する総合的研究」申請時は、前館長の故佐原眞氏で、現在の代表は小島道裕氏。佐原氏は著名な考古学者であったが、博物館にも関心、造詣が深く、積極的に発言されてきた。

進的な諸外国の事例を学びながら実施すること、②歴史展示についての国際比較を行なうこと、③博物館における生涯学習の専門的担い手（エデュケーター）を養成するためのプログラムを教育養成系学部の研究者と共同して考案・試行・評価すること、を大きな課題としています。二〇〇三年一一月には、その成果の公表を兼ねて国際シンポジウムを開催する予定ですが、二〇〇二年度は、まずそのための前提として、フォーラムを開催することにしました。

今回のフォーラムでは、まず博物館について議論する大きな前提として、博物館や美術館の存在理由について、国立民族学博物館の吉田憲司さんに報告していただきます。吉田さんは、国立民族学博物館で一九九七年に開催された「異文化へのまなざし」という二〇周年記念展示で、異文化を展示というかたちで表象すること自体のもつ意味をさぐり、それを『文化の「発見」』（岩波書店、一九九九年）という著書のなかでさらに普遍化して議論してこられました。とくに、キャメロン・ダンカンが提唱した「フォーラムとしての博物館・美術館」の可能性について、いち早く注目し、現状の展示が抱え込む問題点を指摘したうえで、それを越えていく視点を出されています。ここでは、自国を侵略された戦争を、民族に共通する記憶として記録するためにつくられた中華人民共和国と大韓民国の「戦争博物館」で、日本および日本人がどのように表象されているのか、ということを切り口として、この問題をさらに展開されようとしています。[*7] 本来異なる体験をしてきた者たちが、それぞれの体験を展示し合うことで、何かを共有化するような展示が可能なのではないか（「体験の共同体」）という氏の提案は魅力的です。「博物館教育」と言うときに陥りがちな、「一方的に教え込む」ことからの脱却は、氏が主張する、その場とその時間を共有した人々の間で何ができるのかということ、を真剣に考えることから可能になるのではないでしょうか。

続いて、多摩市文化振興財団の金子淳さんは、歴史展示のもつ政治性について、この国立歴史民俗博物館（以下、「歴博」）の「前身」であるとされる国史館の設立構想を中心に報告されます。金子さんはすでに、『博物館の政治学』（青弓社、二〇〇一年）のなかで、この問題について興味深い検討を行ない、この国史館構想に深く関わった黒板《くろいた》勝美《かつみ》にも言及しています。しかし、黒板と当館との関係はじつはそれだけではありません。二〇〇二年三月から六月まで、開館二〇周年記念展示「古代日本　文字のある風景」が開催されたことはご存じでしょうか。この展示は、タイトルが示すように、文字に注目して、古代日本の特質を描こうというものでしたが、――文字を採り上げること自体、これまでの日本史学の成果そのものですし、私のように近世史を専門にしているものにとっても、書かれた文字を研究することこそが、もっとも有効な研究方法だったことも確かです。しかし、文字による歴史がいかに一面的であったかということへの反省なしに歴史像を再構成することについて、強い疑義が出されていることにも配慮せざるを得なくなっています――この企画展示の柱の一つが正倉院文書の展

＊7　吉田憲司「反照する歴史の表象―アジアの三つの記念館を訪ねて―」『歴博』一一八号、二〇〇三年も参照

示でした。この正倉院文書の調査を主導したのが黒板勝美だったのです。

黒板は、私たちの博物館の「生みの親」であると言ってもよいのですが、彼の病気や戦争の本格化によって計画は挫折し、戦後になって彼の後継者である坂本太郎の尽力で、明治百年を記念する事業として実現することになります。

一方、この黒板が専門の日本史研究の仕事として始めたのが、正倉院文書の調査だったわけで、この事業は、かたちは同じではありませんが、現在も私たちの館と東京大学史料編纂所、宮内庁正倉院事務所とが協力して継続しています。そのなかで、正倉院文書のレプリカを作って研究しています。正倉院文書といっても、多くは再利用された文書（紙背文書）で、表と裏の両方が別途に使われています。しかも、現状ではつなぎ合わされて一つの巻物になっていますから、裏表の文書をそれぞれ復元するためには、工夫が必要です。そのためもあって、裏表の両方のレプリカを作って、裏と表の文書から読み取ることのできる情報やそれぞれの文書が果たしていた役割を確定するという作業をしています。コンピュータを使ってデータ処理することで、復元も容易になりました。今度の企画展示では、そのような正倉院文書の復元保存作業がどのような意味をもつのかということについても示しました。

この点では、展示は成功していたのではないかと私は思っていますが、一方で、創設二〇周年を記念したこの企画展示からは、歴博が「確かな史料から読み取ることのできる確かな事実を展示する」という方向をめざしてきたことを再確認するという展示意図も感じとりました。それは、深読みしすぎかもしれません。しかし、現在問題になりはじめている、史料と歴史叙述である展示との関係、とくに展示する史料を選択すること自体の問題や、展示した史料そのものがもつ表象性の問題などには残念ながら言及されませんでした。文字そのもののもつ「政治性」や、読み聞かす「ことば」のもつ問題には言及されていただけに少し残念です。

なぜ、このようなことを話すのかと申しますと、初代館長以来、佐原眞さんをのぞくと、東京大学国史学研究室、東京大学史料編纂所に深く関わった方たちが館長を歴任していることと無関係ではないと考えるからです。歴史学の王道としての史料批判、これ自体を否定するつもりは全くありませんが、このことと歴史叙述である歴史展示との間にはやはり距離があるのではないか、ということなのです。確かな史料から確かな展示へという単純な、そして危険な回路に陥りがちな私たちの博物館、それがじつは国史館が抱えていた問題と同じであり、黒板勝美まで遡るのではないか、ということを気づかせてくれるという点で金子さんの報告は魅力的です。

さらに、金子さんは、国史館自体が、国民教育という点では、「確かな歴史」を国民に教え込むべきだということまで、現在で言うと博学連携までを自覚的に構想していたと指摘しています。この点では、金子さんが常々主張されてきた「博物館の未来を語る前に、現在の博物館がどのような歴史的経緯を経てきたのか、きちんと考えるべきだ」ということはきわめて重要です。金子さんのご報告は、歴博の存在理由そのものを考え直す議論のきっかけになるものと思います。その意味では、金子さんのご報告は、吉田さんと並んで、博物館そのものを見直す際のもっとも基本的な論点を提示するものであると考えます。

次に、これからの歴史民俗系の博物館が抱えている大きな課題の一つは、戦争展示および現代の展示をどのようにすればよいかということではないでしょうか。このうち、後者について、松戸市立博物館の青木俊也さんが、ご自身が関わられた松戸市立博物館での展示の経験を中心に報告をされます。現代をどう展示するかということに関わって申しますと、ここで扱われている昭和三〇年代は私の記憶の世界の範囲です。私自身も、どういう展示がなされているのか、わくわくしながら松戸市立博物館の展示や青木さんの著書『団地２ＤＫの暮らし—再現・昭和三〇年代—』（河出書房新社、二〇〇一年）を拝見しました。なぜわくわくしたのかというと、自分が知っていることや経験したこととこの展示がどのようにコミットするのか、ということでした。私は当時岡山に住んでおり、微妙に違うところもあります。しかし、そのような観る側の「私」の「個別性」の問題も含めて、「個別性」のある空間を徹底して切り取ってくるとき、「〇〇家の何年何月何日」の展示が生まれることになるのです。現代展示をするときに不可欠な、個別性の問題をどう考えるか、どのように大切にできるか、個々の記憶をどうすればよいのか、というような問題につながっていくのではないでしょうか。はじめから公共の記憶や国家の記憶のもとにひとつのストーリー（「国民の物語」）を「創出」するのではなく、多くの人たちの個々の記憶をどうつなぎ合わせていくのか、これは大変な作業だと思いますが、そういう作業自体のもつ意味が問われているのだと思います。現代展示のあり方については、刻々と変化するもののうち何を選択して展示するのかという点で、また博物館にとっては、そもそもこれから何を収集すべきか、逆に言うと何を残さないのか（捨てるのか）、という点でも大きな課題をもっており、青木さんの報告は、こうした点について考えるよい機会にもなるものと思います。

さて、私たちの博物館での三年間の「教育プロジェクト」の実践を踏まえた報告を二本用意しました。小島道裕さんは、当館の歴史展示の現状を批判的に総括し、歴史展示をつくるうえでのいくつかの留意点をまとめました。小島さん自身は、当館でははじめて海外の博物館に留学した経験をもっています。それまで、当館では、大学や研究所にしか留学してこなかったので、このこと自体が大きな挑戦だったわけで、その成果の一部はすでに『イギリスの博物館で―博物館教育の現場から―』（歴博ブックレット16、二〇〇〇年）にまとめられました。帰国後、さっそく「れきはく親子クイズ」を考案・実施するなど、教育プログラムの開発に積極的に取り組んでこられましたが、そのなかで得た経験がこの報告でも「自由な学びと創造性」という提唱に生かされています。また、これからの歴史展示の課題についても、博物館の展示の外への広がりと「変化」を展示することの必要性について提言されます。今後の歴史展示のあり方を考える際の重要なポイントだと思います。

竹内有理さんは、ご報告の中で、この間の当館での観客調査の経験を踏まえて、歴史展示をつくる側とそれを観る側にはギャップがあるのではないかと問いかけます。そして、観る側の視点に立って、当館の歴史展示を吟味されます。博物館の展示そのものを評価するわけです。展示をやりっぱなしにしないで、どう改善すればよいのか。それは観客の調査なしには成り立ちません。この三年間、竹内さんの博物館観客調査に協力する中で、どのように観客の調査を行ない、それをどのように分析し、その分析結果から何を引き出すか、さらにそれをどのように展示にかえすのか、という一連のサイクルこそが大事だということに、私たちはようやく気づきました。「教育プロジェクト」では、学校団体の見学など、ことあるたびにプログラムを考案・試行してきましたが、肝心の本格的な評価はまだこれからというところです。その意味では、竹内さんのご報告は、プログラムを考案・実施するだけでなく、評価し改善するという、博物館活動のあり方について考えるうえで、不可欠な論点を出してくださいます。

冒頭でも少し触れましたが、今後学校教育のなかで必要とされる博物館活用のあり方については、大阪教育大学の岩城卓二さんが、大阪教育大学付属平野中学校での実践や大学院生のワークシート作成経験という具体的な事例を踏まえて報告されます。そこから逆に、これからの歴史系博物館に求められるものは何かについて提案されるはずです。前述しました科学研究費の研究課題の一つであったエデュケーターの役割についても問われるはずです。岩城さん自身は、触れられるのは嫌だろうとは思いますが、数年前まで私たちの博物館にいらっしゃって、いわば内側からこの館の問題点をお感じになり、その後は外からこの館をはじめとするさまざまな博物館を観察してこられました。教員養成系大学に勤めるという立場から、積極的に博物館のあり方についての提言も行なっていらっしゃいます。[*8]これからの子どもたちの歴史認識に関して重要な役割を果たすことになる教員たちを養成するところで教鞭をとっていらっしゃる岩城さんが、「外から見た博物館」、これは私たちの博物館には限りませんが、歴史系博物館がどのような意味をもっているのか、どうあるべきかということについての問題点をていねいに整理してくださいます。興味深い実践例から、これからの歴史教育と博物館とが切り結ぶ緊張関係も含めて、そのあり方について考える際の有効な素材を提供していただけそうです。

以上の、六つの報告をきっかけとして、歴史民俗系・民族学系の博物館が現在抱えている問題点を知り、それを踏まえてこれから何を始めればよいのか、会場のみなさんをも含めて自由に議論できればよいなあと考えています。博物館の「現実」をしっかり見つめ直したうえで、これからのことについて、小さくてもよいから、夢をもって語り合える場にしませんか。何から実践し始めればよいのか、ヒントを少しでも共有できれば幸いです。

＊8　岩城卓二「地域博物館・歴史系博物館に求められているもの」『ヒストリア』一六七号、一九九九年など。

【付記】

本書は、二〇〇二年一一月一〇日に国立歴史民俗博物館講堂で開催された、第四一回歴博フォーラム「歴史系博物館の現在《いま》・未来《これから》」の当日の記録をもとにしています。その後、当日の討論でご意見をいただいた布谷和夫さんには討論でのご発言に加筆をしていただきました。また、峰岸純夫さんには、改めて原稿をお願いしたところ、快く本論集に原稿を寄せて下さいましたので、討論での峰岸さんのご発言は省略させていただきました。この討論で話されたことを本論集に収める過程で各執筆部分に組み込んだ箇所もあります。この「開催趣旨」も含めて、各報告にもそれぞれ手が入りました。その意味では、本書は、厳密な意味での記録集ではなく、再構成した記録集となっていることを、予めお断りしておきたいと思います。

なお、本書は科学研究費補助金「生涯学習時代における博物館教育・教育員養成および歴史展示に関する総合的研究」（基盤研究B（2）、二〇〇〇～二〇〇二年度）の成果の一部です。

報告Ⅰ

博物館の営みと歴史
――その問題点と可能性

吉田　憲司

はじめに

近年、博物館に改めて熱い目が注がれています。「博物館行き」という言葉に代表されるような、モノの命の終焉の地、時間を越えたモノの貯蔵庫としての博物館というイメージは、過去のものとなりつつあります。収集、研究、展示という博物館の営みがけっして超歴史的で中立的なものでなく、その時々のものの見方、思考様式と密接に結びついたものであることが自覚され、そこにある問題点と可能性が追求され始めたためです。

米国スミソニアン航空宇宙博物館での、広島に原爆を投下した「エノラ・ゲイ」号の展示をめぐって、博物館側と退役軍人らとの間で熱い議論がたたかわされたことは、ご記憶の方も多いと思います。博物館が機体とともに展示しようとした写真が「原爆の悲惨さ」を強調し、第二次世界大戦を終結に導いたという「原爆投下の正当性」を十分に伝えていないというのが、退役軍人側の主張でした。この「事件」は、博物館の展示がいかに特定の政治的意図と結びついたものであるかを、如実に物語っています。もちろん、そのような展示の政治性が問題化したのは、ここでの展示が直接戦争や歴史に関わるものだったからだという見方もあるかもしれません。しかし、じつのところ、特定の意図と関心のもとでしか成立しえないという意味において、他の博物館の展示、さらには美術館における美術作品の展示もまた、こうした歴史性や政治性とけっして無縁ではないと思われます。

たとえば、なぜ、美術館では「作品」の作者の名前がキャプションに必ず記され、天才という概念のもとに個人が神に近い位置にまでもちあげられる一方で、多くの民族学博物館ではなになに族という民族名や地域名しか示されず、生きている個人が前面に出てこないのか。この、芸術の分野、美術館における個人の重視と、民族学（民俗学）の分野、民族学の博物館における個人の無視という現象の背後に、自己は複雑で一般化が不可能であるのに対し、他者は単純で一般化が可能だという暗黙の前提が働いているのは疑いえません。それは結局、われわれが未だに「文明」と「未開」という、植民地主義の時代にまでさかのぼる旧来の図式から完全には自由になりえていない証のように思われます。

博物館や美術館の存在が、このようにそれぞれの時代、それぞれの文化のものの見方に強く拘束されたものでしかありえないのだとして、それでは、私たちは博物館・美術館という装置を用いることで、新たなものの見方やより開かれた自己や他者の理解、自己や他者の歴史の理解に至ることは不可能なのでしょうか。私には、不可能だとは思えません。

今日、この場では、もっとも極端なかたちで個々の文化、個々の社会の見方に拘束されざるをえない博物館の展示をとりあげて考えてみたいと思います。それは、戦争をめぐる展示です。

一九九九年の夏、私は、同僚数人とともに、韓国の独立記念館、北京・蘆溝橋《ロコウキョウ》の中国人民抗日戦争記念館、そして南京の侵華日軍南京大虐殺遇難同胞記念館と、日本の戦争による加害行為を正面からとりあげた博物館をめぐって歩きました。海外の博物館・美術館において日本がいかに展示されてきたかを世界規模で比較検討しようという、共同研究の一環です。

その旅では、展示のあり方の問題とともに、私自身の歴史観、いまの私と歴史との関わりを改めてみつめなおすことを迫られました。今日は、この旅の行く先々の展示に触発された思いを少しお話してみたいと思います。

韓国・独立記念館

独立記念館は、ソウルの南約一〇〇キロ、忠清南道天安市《チュンチョンナムド・チョナン》に一九八七年に開館した施設です。創設のきっかけは、ほかならぬ一九八二年六月の歴史教科書問題だったといいます。文部省が社会科教科書検定の際、中国への「侵略」の表現を中国への「侵攻」に、また韓国の独立運動を「暴動」と書き改めるよう修正意見を出したことに対し、まず韓国『東亜日報』が「過去の朝鮮半島に対する侵略と植民地統治を正当なものと美化する」ものと糾弾し、中国共産党機関誌『人民日報』も同様の批判を掲載。それに対して当時の日本の小川平二文相や松野幸泰国土庁長官が「内政干渉」と発言した結果、韓国・中国の反発をさらに高めて外交問題にまで発展した事件です。同年一一月、文部省は、学校教科用図書検定基準に、「近隣のアジア諸国との間の近現代の歴史事象の扱いに国際理解と国際協調の見地から必要な配慮がされていること」という一項目を追加し、この事件は一応の解決をみました。しかし、韓国では、この「日本の教科書による韓国歴史の歪曲」事件を契機に、はやくもその年の八月に、韓国の独立回復という「歴史的偉業」を記念する独立記念館建設の発起大会が開かれて、国民への募金が開始されました。翌八三年に建設工事が開始され、八七年には全館が完成することになります。用地に選ばれたのは、独立運動にゆかりの地が周辺に点在し、韓国の中央部にもあたる天安市《チョナンシ》郊外・黒城山の麓でした(写真1)。

独立記念館は、「不屈の韓国人像」と題する、高さ一五メートルの群像を収めたふきぬけの「民族の家」を扇の要の位置に(写真2)、七つの展示館[*1]がそれぞれ独立して配置され、さらに記念碑や象徴的な彫刻からなる野外展示を加えたかたちで構成されています。最近になって、先に解体されたソウル・旧朝鮮総督府庁舎の部材を用いて再構成した公園も併設されました。

独立記念館を訪れて、まず私は、「日帝の侵略と蛮行」の展示が、展示全体の一部でしかないことに意外な感を覚えました。日本では、これまで、独立記念館の展示といえば、拷問場面の再現展示ばかりが紹介されてきたからです。実際には、民族伝統館の「広開土大王陵碑(高句麗広開土王碑)」(複製)にはじまり、大韓民国館の「平和統一の努力」「体育の振興」の展示に至るまで、その展示は、韓国の歴史の全体を視野に入れています。

展示全体のなかで、もっとも注目を集めているのは、やはり日本の官憲による韓国人の拷問の場面です。「壁棺」とよばれる、いったん中に入れば身動きすらできない狭い独房を覗くと、拷問を受けている人物の顔が自分の顔に置き変わるという仕掛けがあります。天井から吊されて棒で責められる女性、煮え湯を飲まされる男性、そして生き埋めにされた人物の首

＊1　民族伝統館、近代民族運動館、日帝侵略館、三・一運動館、独立戦争館、臨時政府館、大韓民国館

写真1　韓国・独立記念館　正面

写真2　独立記念館　「民族の家」

だけが動く場面が精巧なロウ人形を用いて「再現」されていきます。このコーナーを見終えたとき、日本語で私たちの案内にあたってくれた金美成《キム・ミソン》さんは、こうきり出しました。「私たちの展示は、反日感情をあおろうとしたものではありません。歴史を知って、その歴史をくりかえさないように努力しましょう、という意味なのです」。ロウ人形を用いた凄惨なシーンの提示に、「反日感情をあおるものだ」という抗議をする日本人の観客も少なくないといいます。「私たちは勝つために戦争をした。戦争をする国は、どの国もこうしたことをやっている。日本人が悪いのではない。戦争が悪いのだ」と、ある初老の男性は金《キム》さんにくってかかったそうです。金《キム》さんは、「一方で、私の手をとって、ごめんなさい、ごめんなさい、と涙を流されたお年寄りのおばあさんもいらっしゃいました」とも教えてくれました。

ジオラマ展示を避ける傾向の強い日本の博物館風土になれた観客の目には、こうした再現展示はあまりに強烈で、観客に固定的なイメージを植えつけてしまうものだという反発がでるのもあながち理解のできないことではありません。民族誌展示に携わる機会の多い私自身、自分で企画する展示にジオラマを使おうとは思いません。やはり、固定的なイメージの生成をおそれるからです。この展示を目にしたときにも、はじめは、ほかに展示の方法がないものだろうかと考えをめぐらしました。しかし、その後で、この独立記念館の成立の経緯を考えてみると、別の思いが頭をもたげてきました。ひとたび「侵略」の事実が否定されたとき、「侵略」の事実をだれにでも共有できるかたちで迫真的に訴える方法を求めようとすれば、それには身体への侵略、すなわち「拷問」の再現しかありえないではないか、という思いです。もちろん、ロウ人形の導入という背景には、韓国の展示技法が、ジオラマを好んで用いてきたアメリカの展示の影響を強く受けているという事情もあるかと推察されます。しかし、私にはそれ以上に、独立記念館が選択した拷問場面の再現は、独立記念館の設立そのものと同様、「侵略の事実の否定」という日本側の態度の裏返しとして理解すべきもののように思われたのです。

北京・中国人民抗日戦争記念館

中国人民抗日戦争記念館（以下、「抗日戦争記念館」）は、北京郊外、蘆溝橋のたもとに位置します（写真3）。七・七事変、すなわち日中戦争＝抗日戦争のきっかけとなった一九三七年七月七日の蘆溝橋事件の五〇周年を記念して一九八七年に開館した施設です。この記念館の建設は、一九八三年に構想され、その後、中国中央政府の第七次五ケ年計画の重点建設プロジェクトのひとつに組み入れられました。現在、その運営は中央政府の指導のもとに、北京市政府および北京の党委員会が中心になって進められています（写真4）。

この抗日戦争記念館は、一五年にわたる抗日戦争を、中国共産党の主導のもとで中国人民がはじめて結束して展開した反ファシズム戦争の一環として位置づけ、その事跡を記念することで中国人民に愛国主義の精神を発揚する機関として自己を規定しています。ここで、抗日戦争が、日本で私たちが想像する以上に、現代中国にとって大きな意味をもったものと認識されていることを確認しておく必要がありそうです。たとえば、抗日戦争勝利五〇周年を記念して実質的に抗日戦争記念館が出版した『中国抗日戦争史写真集』(張承鈞・劉建業編、一九九五年)は、次のようにいいます。「抗日戦争は、中国近代史上の一つの転換点となっている。抗日戦争があってこそ、中国はアヘン戦争(一八四〇)以来のばらばらで砂のような状態に終わりを告げ(た)……抗日戦争は、人民解放戦争勝利のための土台を固め、また中華人民共和国樹立の条件となった」。抗日戦争こそ現代中国の基礎だというのです。この抗日戦争記念館が一九八三年に構想され、一九八七年という時期に開館した背景に、日本における、先にみた一九八二年の「教科書歪曲事件」や、その後一九八六年に高校教科書『新編日本史』をめぐってふたたび問われた「歴史の歪曲」[*2]に対する中国側の危機感があったのはまちがいありません。ただ、その点は少なくとも同館の創設主旨には直接には謳われていません。むしろ、抗日戦争記念館は、現代中国の基礎を記憶する装置として位置づけられています。抗日戦争についてのこの記念館の展示を見るとき、そのことを忘れるべきではないと思います。

この抗日戦争記念館の展示は、ところどころに戦場の再現模型を配しているものの、大部分は、実物資料と写真に解説パネルをそえたかたちの展示です。日本側の資料や新聞も多数組み込まれています。歴史の細部の検証に主眼をおいた展示だといえるでしょう。

＊2　同書は、近現代史で日本を一方的に加害者ときめつける書き方はしないという方針に基づいて執筆された。

写真3　中国・盧溝橋

写真4　中国人民抗日戦争記念館

この抗日戦争記念館の展示で、一部、ジオラマが多用されるコーナーがあります。地雷戦、水上ゲリラ、戦村落トンネル戦の模様を再現した「人民戦争館」とよばれるコーナーです。ただ、そのジオラマに登場するのは、抗日戦士の姿ばかりです。日本軍の姿は見えません。それは、「被害」の展示でなく、「抵抗」の展示と言ってよいでしょう。戦争被害の客体としてではなく、抵抗の主体としての中国人民の展示だと言いかえてもいいと思います。

こうしたジオラマの表現に端的に現れているとおり、抗日戦争記念館の展示は、抗日戦士、あるいは抗日運動を主眼としています。展示はいずれも、写真や新聞資料によって「歴史的真実」を伝えようとする一方、ジオラマや模型といった創作性の強い表現を採用する際にも、明確な展示ポリシーに貫かれています。日本軍の加害行為、つまり中国人の被害の実態を示すにはミニチュア模型を、抗日運動の様相を示すのにジオラマ展示を用いるという区別です。結果的に、観客には、等身大の人形で構成され、より直接的に体感できるジオラマ展示によって表象された、抵抗の主体として中国人民の姿が印象づけられることになります。先にみたとおり、抗日戦争こそ、現在の中華人民共和国の基礎という抗日戦争記念館の基本的な立場からすれば、その展示形態の選択は必然的な結果であったと考えられます。

南京・侵華日軍南京大虐殺遇難同胞記念館

侵華日軍南京大虐殺遇難同胞記念館（以下、「南京大虐殺記念館」）は、日本軍が集団的に虐殺をおこなったとされる一七の遺跡のひとつ、「万人坑」の上に立ちます。「万人坑」とは、その名が示すように、多くの人びとの遺体が埋められた場所のことです。

門内に入ると、まず、五本のリングが三本の柱で支えられたモニュメントが目に飛び込んできます(写真5)。モニュメントは「彫塑―三〇〇〇〇〇人」と題されています。三本の柱と五本のリングは、虐殺の犠牲者数三〇〇〇〇〇人というメッセージの形象化でした。

モニュメントの先には、石畳を敷き詰めた方形の広場が広がります。足元の敷石には「祭」の字が刻まれています。ここは、「祭り」の場、つまり鎮魂の場だということでしょう。広場の奥の壁にも、大きく三〇〇〇〇〇の数字が刻まれています。その広場の傍らの階段を登ると、正面に、中国語、英語、日本語で「遭難者三〇〇〇〇〇」と刻まれた壁が現れます(写真6)。三〇〇〇〇〇の数字の繰り返し。その数字へのこだわりが、まず私の心を捉えました。

階段を登りきると、一面に白い玉石を敷き詰めた空間が開けます。そこには、一本の草もありません。わずかに、枯れ経てた木が数本みえるのみです。ここは、「墓の広場」と名づけられています。玉石は、死者の遺骨の表現でした。折しも、その「墓の広場」の一画では、新たな遺骨の発掘が進んでいました。その一九九八年の四月、「広場」の隅の芝生の整備の途中、偶然遺骨が出てきたのがきっかけだといいます。目をこらすと、二点の頭骨と足や腰の骨の固まりが切り崩された地肌から覗いていました。思わず、言葉を失った瞬間です。

遭難の様子を象徴的に描いたレリーフと、遭難者の一部の名を刻んだ壁沿いに進むと、石造りの墓室が現れます。「遺骨陳列室」とあります。中には、文字どおり、発掘された遺骨が集められていました。

「遺骨陳列室」を出て、ようやく石造りの「資料館」に入ることになります。「資料館」の展示は、徹底して実物や新聞資料、写真資料とその解説だけで構成されています。いわゆるジオラマ展示はここにはありません。資料で注目されるのは、その大部分が日本側の資料、とくに日本軍自身が撮影した写真や映像、あるいは日本の新聞記事で占められていることです。ビデオの上映コーナーも設けられていますが、そのビデオで紹介される映像も、大部分が日本軍の撮影したものです。日本側の資料への依存は、当時、記録をとりうる立場にあるのが実質的に日本軍に限定されていたという事情によるのでしょう。しかし、資料が日本側から出ているだけに、逆にその展示は当時の日本側の視点を浮かび上がらせます。それらは、かつて、日本人が一喜一憂した歴史の記録にほかなりません。

「南京大虐殺」については、犠牲者三〇万人という主張が、針小棒大であり、実際の犠牲者は数万だという主張、あるいは殺戮は組織的なものでなく戦闘の混乱のもとにおこったものだという主張、さらには「大虐殺」そのものが「まぼろし」であったといった議論が、い

写真5　「彫塑―三〇〇〇〇〇人」のモニュメント　侵華日軍南京大虐殺遇難同胞記念館

写真6　「遭難者　三〇〇〇〇〇」と刻まれた壁　侵華日軍南京大虐殺遇難同胞記念館

まも根強く唱えられていることは周知のとおりです。

南京大虐殺記念館の展示を見た翌日、私たちは改めて、同館の朱成山館長にお目にかかりました。館長の話は、とぎれることなく二時間半にもおよびました。しかも、そのうちの半分近くの時間が、三〇万人という虐殺者の数の説明に費やされました。発掘される人骨が六〇年前のものであり、骨に残された傷から見て、「虐殺」の犠牲者のもの以外にありえないこと。また、そのなかに女性や子供の遺骨が多く混じっていたこと。数かずの「証拠」をあげて、朱館長は「南京大虐殺のまぼろし」説を否定するとともに、さまざまな機関の推計をひいて、三〇万人という数字が、けっしておおげさなものでなく、むしろ最低に見積った場合の数字であることを力説されました。

この南京大虐殺記念館は、一九八三年に南京市政府により建設が計画され、一九八五年八月一五日、抗日戦争勝利四〇周年記念の日に第一期工事の完成をみています。この記念館の建設のきっかけについて同館の朱成山館長に尋ねると、すかさず「一九八二年の教科書問題です」との答えが返ってきました。中国への「侵略」を「侵攻」と書きかえるよう文部省が修正意見を出したことが報じられ、外交問題となった、あの事件です。朱館長は、「あのとき南京市民の反発が昂まり、被害者の遺族が鄧小平氏に手紙を出して、記念館の建設を訴えたのがはじまりです」と、続けられました。八二年の歴史教科書問題は、韓国の独立記念館ばかりでなく、南京大虐殺記念館の創設の契機にもなっていたわけです。

一九八五年、第一期工事の段階で完成したのは、「墓の広場」と資料館です。その後、一九九三年から第二期工事が始まって、一九九七年、南京大虐殺六〇年の年に現在の姿ができあがりました。入口近くの「彫塑―三〇〇〇〇〇人」のモニュメントから、やはり三〇〇〇〇〇と大書した城壁のモニュメントへと続く「追悼の広場」は、この段階で新設されたものだといいます。だとすれば、訪れる観客のまえにくりかえし現れる三〇〇〇〇〇という数字もまた、日本における「三〇〇〇〇〇人虐殺はまぼろし」という根強い主張の反映だったということになります。

三館の訪問を終えて

韓国の独立記念館、北京・蘆溝橋の中国人民抗日戦争記念館、そして南京の侵華日軍南京大虐殺遇難同胞記念館。これまで見たように、日本の戦争による加害行為を直接の展示テーマとしたこの三つの記念館は、一九八五年前後にあいついで開館しています。この時期が、一五年戦争の終結、すなわち中国にとっては抗日戦争の勝利、韓国にとっては日本の植民地支配からの独立(韓国では「光復」とよぶ)から四〇年、あるいはまた蘆溝橋事件という抗日戦争の開始から五〇年という、歴史上の節目にあたっていたことが大きな理由になっているのは確かです。ただ、その陰で、いまひとつ、忘れてはならないことがあります。これらの館の創設が、いずれも、一九八二年の、日本における「歴史教科書歪曲問題」の直後に構想されているという点です。

とりわけ、韓国・独立記念館と南京大虐殺記念館では、教科書問題がその建設の契機になったことが表だって主張されています。そして、そのことがまた、両館の展示のあり方を大きく規定しています。「侵略」の否定が、独立記念館における「拷問」の再現展示を助長し、「三〇〇〇〇〇人虐殺」の否定が、南京大虐殺記念館での、三〇〇〇〇〇という数字へのかたくななこだわりを生み出しているといってはいいすぎでしょうか。一方で、そうした教科書問題にふれることなく、「中国の条件を作った抗日戦争」という立場に基づいた、いまひとつの抗日戦争記念館の展示は、日本兵が登場することすらないジオラマを生み出し、「被害」の展示でなく、「抗日」の展示を優先しています。そのことからも逆に、「加害の事実の否定」が焦点化されるとき、「被害」を強調した展示が生みだされるという傾向が読みとれるように思われるのです。

もちろん、展示の形態は、そうした要因のみによって決まるわけではありません。韓国の独立記念館がジオラマを多用する背景には、現場あるいは現物からの距離という問題も作用しているように思われます。くりかえしになりますが、独立記念館は、独立運動の故地の近くに建設されました。北京の抗日戦争記念館は蘆溝橋という、日中戦争＝抗日戦争の発端の地の畔に位置しています。そして、南京大虐殺記念館は死者の埋葬の現場の上に立てられた

「墓地」であり、「慰霊の場」でもあります。ジオラマ展示は、ここに記した順に減っていき、一方、写真や実物への依存度が高くなります。明らかに、歴史的事件の現場から遠くなるほど、ジオラマなど創作的な展示要素が増えていくのがわかります。逆にいえば、場の記憶が色濃く残り、歴史の証拠となる現物があるところでは、ジオラマなどの創作行為はいらないということなのだろうと考えられます。

ジオラマを多用した展示にせよ、写真を多用した展示にせよ、三館の展示が、いずれも日本人にとって衝撃的な内容をもつことに変わりはありません。ある者は、知らなかった、これほどまでに日本人は残虐であったのかと自ら呵責の念を抱き、またある者は、なぜに韓国と中国はこれほどまでに反日感情をかきたてようとするのかと反発を覚えます。ただ、多くの場合、このふたつの受けとめ方には、共通している点がひとつだけあるように思われます。それは、そのような共感も反発も、ともに「彼ら」が独自にその展示をつくっているという認識からでているという点です。だからこそ、人は、自分はまったく知らなかったと驚き、あるいは彼らの勝手な捏造だと反発します。しかし、これまでにみた三つの記念館の成立の経緯は、そうした展示がむしろ、われわれ日本人の「彼ら」への態度と関係して生み出されてきたことを物語っています。とりわけ、日本人に強烈に訴える、日本の官憲による拷問場面の再現や虐殺による犠牲者三〇〇〇〇〇人の数字をくりかえした展示は、明らかにわれわれの過去の戦争に対する態度の裏返しとして生み出されてきたものです。それらの展示は、われわれ自身の歴史観のネガだといっても過言ではありません。このことは、日本における「戦争展示」のありようをふりかえってみれば、さらに明らかになるはずです。

「これから」にむけて

近年、日本国内にも、「戦争の悲惨さと平和の尊さ」を訴える「平和博物館」があいついで建設されてきています。しかし、立命館大学国際平和ミュージアムや、大阪国際平和センターにみられるような、日本の戦争による加害責任を正面からとりあげようという試みはまだまだごく一部に留まっています。なかでも、一九九九年三月に東京・九段に開館した昭和館の展示は、現在の日本における戦争認識のあり方を端的に物語るものとして特筆されます。

昭和館は、「厚生省が、戦没者遺族の援護の一環として、おもに戦没者遺児をはじめとする戦没者遺族等の経験した戦中・戦後の国民生活上の労苦を後世代につたえよう」として建設した施設です。[*3] 公開された展示も、「銃後の生活」の展示に限定されています。「母と子の戦中戦後」をテーマにしたその展示は、千人針に始まり、防空頭巾、灯火管制用の電灯傘など、「戦中・戦後の労苦」に関わる生活用品の陳列のあと、疎開生活や食糧難を実際に経験した方がたが、一人ひとり自らの体験を語るビデオの上映コーナーで終わります。そうした体験の重さに、議論の余地はありません。しかし、「銃後の生活」に限定され、あたかも戦闘がなか

＊3　昭和館『昭和館常設陳列資料図録』一九九九年

ったかのように被害の記憶だけが紹介されるその展示は、「戦中・戦後」という言葉がくりかえし用いられるだけに異様ですらあります。

じつのところ、そうした戦争そのものの記録は、昭和館から道を隔てた靖国神社遊就館に収められています。「銃後」と「戦線」の記憶は、このふたつの施設をあわせて見ることで、ようやくひとつの像を結ぶことになります。ただ、その遊就館は、靖国神社の「祭神」、つまり戊辰戦争以来の「国内の戦乱に殉じた人達」と、西南戦争以降の「外国との戦争で日本の国を守るために斃れた人達」の遺品資料を中心に、「戦争に関連した遺物・歴史資料」を保存・展示する施設ですから、戦争がいやおうなく生み出す加害行為の記録は、そこには組み込まれていません。たとえば、南京事件については、日本軍の南京入場の写真や、「日本軍の南京入場に安心して、城下の畑を耕す農民」の写真がそえられているばかりです。

被害の記憶と加害の忘却。それが、日本の中心部にあたかも一対のものであるかのように出現した、戦争に関わるふたつの資料館のいまの「陳列」の特徴です。そして、それは、教科書問題にも見るとおり、現在の日本におけるわれわれの、過去の歴史に対する態度の縮図のように思われます。

このようにいえば、戦争をめぐる展示は、どこでも、戦意高揚の展示か被害の展示にならざるをえないという議論が出てくるかもしれません。たしかに、戦争という、相互に相反する表象を抱くことが必然的にともなう現象の展示においては、それぞれの表象はそれぞれの側で完結し、容易には接点をもとうとしません。しかし、あたかも韓国の側や中国の側だけの論理で形成されてきたかにみえる展示が、じつは加害の忘却という日本のわれわれ自身の態度に対する反応として形づくられてきたことは、すでにみたとおりです。国の境、陸の境を越えて、人と物、情報の交流が進む現在においては、戦争の展示ですら、すでに、その国、その場だけで完結して形成されることはありえません。そして、それだけに、互いの接点を求めようという試みがないかぎり、逆に、それぞれの側の表象は相互の反発を生み、それぞれのナショナリズムを強化させずにはおかないのです。日本人による拷問場面の再現展示や、三〇〇〇〇〇人虐殺の連呼の展示は、われわれ自身が生み出してしまったという側面があることを否定できないのです。

しかも、私たちが結果的に生み出してしまったそのような展示、日本に対するそのような見方に、私たち自身が接する機会はほとんどありません。海外における日本についての表象のあり方、展示のあり方というのは、いわば鏡に映ったわれわれの像のようなものです。その姿がゆがんでいるといって文句をいってもはじまりません。私たちは、その姿を世界にさらすことで、世界と関わっていく以外ないのですから。とすれば、その鏡に映ったわれわれの像を一度点検しておく意味は大きいはずです。また、その一方で、私たちが信じるところ、自分たちの主張を外にむけて発信することも、もちろん必要です。私は、かねてから、同じ出来事をめぐっての、異なる歴史観、異なる価値観に基づいた展示を並べて見せるような展覧会、あるいは博物館といったものができないものかと考えてきました。展示というものが、所詮、特定の見方の提示でしかないのなら、それをぶつけあうことで新しいものの見方を獲得できるのではないかと思うからです。いまから五年前、私が企画しました国立民族学博物館の開館二〇周年記念特別展「異文化へのまなざし」という展示が、そもそも、西洋の見た近代のアフリカ、オセアニア、日本と、アフリカ、オセアニア、日本自らの見た近代というものを並置して、そのズレを問いかける試みでした。*4

人ともの、人と人とが実際に出会うことのできる博物館・美術館という空間は、異なる価値観、異なる歴史観にもとづく世界の表象を、ぶつけ合うことができる空間でもあります。異なる国や文化を越えて歴史観の共同体を築くことはすぐにはできなくとも、異なる歴史観の存在を認識できる共通の体験の場、「体験の共同体」を生み出すことは可能なはずです。そして、そのような共通の体験をもとにすることで、たとえ文化や言葉や歴史体験を異にしていようと、その壁をのりこえる道も開かれてくるように思います。

博物館は、単に「これまで」に起こった事柄の記憶の貯蔵庫であるだけではなく、「これから」につながる「いま」を作り出す装置でもあります。文化や歴史を異にする人と人とが実際に出会い、語り合い、啓発しあう、いわばフォーラムとしての博物館のあり方のなかに、新たな未来を築き上げる可能性が宿されているはずだと私は考えております。

*4　吉田憲司、ジョン・マック『異文化へのまなざし』NHKサービスセンター、一九九七年

【引用・参考文献】

昭和館　一九九九　『昭和館常設陳列資料図録』
張承鈞・劉建業　一九九五　『中国抗日戦争史写真集』文京・外文出版社
吉田　憲司・ジョン・マック　一九九七　『異文化へのまなざし』ＮＨＫサービスセンター

報告Ⅱ

歴史展示の政治性

──「歴博」の前身・国史館計画の事例をもとに

金子　淳

今日は、このシンポジウムの会場となっている国立歴史民俗博物館（以下、「歴博」）の前身である国史館を事例にして、「歴史展示の政治性」の問題に迫ってみたいと思います。この歴博という場で、その前史まで遡って考えることは非常に意味のあることだと思います。その理由については、後で少しずつ明らかにしていくつもりです。

当為としての博物館／現実としての博物館

まず、「なぜ博物館の歴史を知るのか」という問いかけから入っていきたいと思います。唐突ですが、物事の認識の仕方には二通りの方法があります。一つは、「いかに存在すべきか」という理念的な規範としてとらえる方法、そしてもう一つは、「どのように存在している（きた）か」という存在のありよう、つまり事実として認識する方法です。

いま、博物館はいろいろな意味で注目されるようになってきました。それにともなって、さまざまなアプローチで博物館を対象化しようという試みも簇生《ぞくせい》しています。「総合的な学習の時間」の導入に対応して、学校教育に貢献する博物館のあり方を模索したり、あるいは、経済不況を背景にして、より効率的な博物館経営をめざそうとしたり、さもなくば、IT革命の追い風に乗ってデジタルミュージアムを標榜したりと、私たちは社会の変化に応じて、博物館がさまざまな局面で「活用」されていく様子を目にすることができます。

ところが、これらの動きに共通しているのは、総じて〈事実論〉あるいは〈事実認識〉を踏まえないまま、いきなり「どうすべきか」という努力目標、つまり〈当為論〉にとびついてしまう傾向があるということです。このことをまず指摘しておきたいと思います。「存在命題と当為命題の峻別」は社会科学の基礎ともいえるものですが、そのことがきちんと区別されないまま混同しているような気がしてなりません。

博物館は社会の中でつくり出されて、変化していくものですから、社会との関係の中で博物館そのものを対象化していく必要があります。そのためにも、〈規範認識〉というフィルターを通さずに、現実の博物館という存在（これは過去でも現在でもよいのですが）と向き合うという方法論が必要になってくるはずです。そしてその重要なアプローチの一つに、博物館の歴史を知ることが位置付けられるのではないかと考えています。

博物館人の「非政治性」

ところが、これまでの博物館をめぐる思考の中には、あまり博物館という〈場〉そのものへの関心が見られなかったように思います。たしかに、いま歴博でこのようなシンポジウムが開かれていて、たくさんの参加者が集まったということは、それだけ博物館という〈場〉に関心のある人がいるという証左であるのかもしれませんが、博物館界全体を見回してみると、まだまだ少数派なのではないでしょうか。

冒頭で久留島さんが話していたように、歴博では開館して二〇年間、こういうことが全く話題にすらならなかった状況にあったようです。いまも館内では微妙な立場にあるということですが、このこともやはり現在の博物館界を象徴しているのかもしれません。

このようなことを説明する時に、私はいつも伊《い》藤寿朗《とうとしろう》[*1]といういまは亡き博物館学者の言葉を引き合いに出すことにしています。彼は一九七一年（昭和四六）当時、博物館人が行政問題に無関心であることを評して、「博物館人独特の非政治性」「非社会性」と表現したことがありました。[*2]次のようなことを書いています。

活動内容が内在的に行政の意味を問うという社会性に薄く、その個別専門性が反面では行政問題への無関心を許容している（中略）行政の恩恵も、さしたる介入も受けず、ただただ関係者の努力に負ってきたという水準のなかでは、一方で官民一体その貧困を嘆くという牧歌的ステロタイプと、他方そうしたなかでの「国の強力な行政指導」要求といった公権力の依存度を高めることによって博物館の振興をはかろうという戦前型パターンの継承がおこなわれ、行政問題は観念的振興要求の対象となってもその主要な分析対象とはなってこないわけでもある。

＊1　一九四七―一九九一。博物館学者。博物館問題研究会、全日本博物館学会の創設に参加、博物館学の理論化とともに博物館運動にも積極的に関わる。一九八一年（昭和五六）から東京学芸大学非常勤講師を務め、一九八九年（平成元）より東京学芸大学助教授。彼の提唱した地域博物館論は、その後の博物館活動に大きな影響を与えた。

＊2　伊藤寿朗「戦後博物館行政の問題」『月刊社会教育』国土社、一九七一年一一月

つまり、博物館人にとって、行政とは観念的に博物館の振興を要求する対象ではあっても、それを分析することにはつながらなかったということです。自分たちの依拠する博物館という〈場〉にどのような政治的な力学が作用しているかということにはあまり関心がないといい換えてもよいのかもしれません。

このようなことに無関心・無頓着だからこそ、政治的に利用されるか、逆に政治力を駆使しようとすることにもつながっていくわけです。ひどい場合になると、観念的には権威を批判しながら、結局は権威にすり寄り、そして権威を振りかざすという自己矛盾に陥りかねません。このことを伊藤寿朗は、「裏返しの政治主義」と言っています。

ただ最近では、博物館を研究対象とするような機運が非常に高まってきています。これは、カルチュラル・スタディーズというイギリスから輸入されてきた学問の流れに大きな影響を受けています。一九八〇年代あたりから、欧米の英語圏を中心とする博物館研究（Museum Studies）で、博物館（もしくは博物館展示）の権力性・イデオロギー性を批判的に検証しようとする試みが活発化してきて、それにともなって日本でも、「文化を表象する装置としての博物館」に注目が集まるようになってきています。今日は、これらを俯瞰するようなことは趣旨ではないのでいたしませんが、博物館をめぐる研究状況も、大きく変わりつつあるような気がしています。

博物館の政治性／展示の政治性

今日の話との関係でいえば、「博物館の政治性／展示の政治性」について少し強調しておきたいと思います。博物館は、もちろん展示だけでなく、資料の収集や研究など、いろいろな機能が集まった複合的な組織体ですから、博物館という存在そのものを対象にする場合と、その機能のうちの展示を話題にする場合とを分けて考える必要があります。

「博物館の政治性」という場合には、博物館を設立するという行為自体にいろいろな社会的効果があると予期していることが前提になります。とくに公立博物館の場合、博物館を設立することが首長の業績誇示の手段となっていたり、自治体間競争の駒であったりすることはよくあることですが、これは「モニュメントとしての博物館[*3]」あるいは「博物館の記念碑的性格」といってもよいかもしれません。

たとえば、一九四〇年（昭和一五）の紀元二六〇〇年、これは神武天皇が橿原で初めて即位したとされる年から数えて二六〇〇年にあたる年ですが、その紀元二六〇〇年を記念して、博物館もその「宣伝部隊」のような役割を担っていきます。また、一九六八年（昭和四三）の明治百年[*4]では、それを契機にとくに県立レベルの博物館の建設が相次ぎました。そのほか、市制三〇周年のような自治体の周年事業でも、それを記念して博物館を建設す

＊3　福田珠己「テクストとしての博物館─地域博物館研究に向けて」大阪府立大学『歴史研究』三六号、一九九八年

＊4　一九六八年（昭和四三）は、慶応四年が明治元年に改元されてから一〇〇年目にあたり、これを記念するために、政府主催の明治百年祭が盛大に挙行された。また、政府の大キャンペーンに便乗した「明治百年記念」と銘打つさまざまな企画が全国各地で繰り広げられた。

る事例はたくさんあります。

　一方、「展示のもつ政治性」についてですが、展示というものは、ある一定の解釈や意図に基づいて構成されるため、価値のコントロールが不可避的に組み込まれているという宿命があります。そのため、展示というメディアを通して、特定の価値を普及する手段として活用されてきたという歴史を背負っています。とりわけ歴史展示に関しては、一般に「正史」としてオーソライズする場という認識があるために、展示という場をめぐる攻防という形でしばしば前景化されます。自己の所属する集団の「正史」とみなされるような歴史展示、あるいは、その歴史観を投影するような歴史展示を望むのはやはり世の常ですが、それが、時にきわめて政治的な色彩が強い形で論争の争点になる場合があります。これを、先ほどの「博物館の記念碑的性格」と対応させるとすると、いまはやりの「歴史展示の歴史教科書的性格」といってもよいかもしれません。

　大まかに見ると、このような構図で捉えられるわけですが、以上の議論を前提にしつつ、次にこの歴博の前身である国史館という大きな博物館計画をケース・スタディにして、これから考えてみたいと思います

国史館計画の概要

まず、国史館とは何かというと、もちろん大学のことではありません。日本で最初の国立の歴史博物館となるはずだった幻の博物館のことです。ですから実際にはできていません。一九四〇年（昭和一五）の紀元二六〇〇年を記念して、麹町区内幸町（現在の千代田区霞ヶ関、経済産業省庁舎付近〔写真1・2〕）にあった旧帝国議会議事堂跡地に建設される予定でした。図1は、その図面になっています。その右下にある小さな地図を見るとわかりますが、日比谷公園のはす向かいに予定されていたことがわかります。

よく「幻の万国博覧会」[*5]といわれる一九四〇年に開催が予定されていた日本万国博覧会〔写真3〕とセットで構想され、かなり大規模な博物館の建設計画だったといえると思います。国立歴史民俗博物館の前身というのは、歴博でも公式的にそのことを表明していることからもわかります。[*6]

その内容については、古事記・日本書紀という、いわゆる「記紀神話」[*7]に全面的に依拠した「国体史観」を、歴代天皇の「宸影《しんえい》」（天皇の肖像画）と「宸翰《しんかん》」（天皇直筆の文書）などという具体物によって表象し、建国以来の天皇制の歴史を可視化するというものでした。

＊5　紀元二千六百年記念事業として、一九四〇年（昭和一五）三月一五日から八月三一日にかけて開催が計画され、東京の月島埋立地を第一会場に、横浜市の埋立地を第二会場にして、約五〇か国が展示館の建設を予定していた。しかし、一九三七年（昭和一二）に日中戦争が始まると、一九三八年（昭和一三）七月五日に一時延期が閣議決定された。

＊6　国立歴史民俗博物館『国立歴史民俗博物館十年史』一九九一年

＊7　「記」は『古事記』、「紀」は『日本書紀』を指す。両書に記載されている神話を総称するときの呼称

国史館計画をめぐる政治状況

では実際に、どのような集団が、どのような背景のもとにどんな主張をしていたのかを、これから具体的に見ていきたいと思います。これは私が公文書や議事録などにあたって少しずつわかってきたもので、自分自身としてはこの議論の過程が非常におもしろいと思っているのですが、ここではそのエッセンスをかいつまんで、ポイントだけをまとめてみます。

①観光の起爆剤に

まず、財界は、国史館を建設することで観光の起爆剤にしたいと考えていました。阪谷《さかたに》芳郎《よしお》＊8という財政官僚の政治家は、この国史館計画を最初に公の場で発案した人物でもありますが、一九三三年（昭和八）の帝国議会で、「世界全般に亘り注意を喚起し、我国多数の観光者を引寄すべき性質のもの」として、国史館の建設を提案しています。

先の日本万国博覧会の強力な推進役もこの阪谷芳郎でした。これは紀元二六〇〇年記念事業として行なわれるはずのものでしたが、彼は、この記念事業や万博の開催に熱意を燃やして、商工省や帝国議会に対して働きかけを繰り返していたという経緯がありました。その記念事業の一環として、国史館の計画を思いつくわけですが、それが観光と直結して

＊8　一八六三―一九四一。明治から昭和期の財政家・政治家。大蔵官僚出身で、西園寺内閣時代の蔵相を歴任し、一九一二年（大正元）から一五年（大正四）まで東京市長、一九一七年（大正五）から一九四一年（昭和一六）まで貴族院議員を務める。数多くの団体・企業の役員を歴任し、「百会長」と称される。一九二九年（昭和四）四月から日本産業協会の副総裁となっていたため、万博開催に積極的な姿勢を見せ、独自に「皇紀二千六百年紀念事業経営法案要綱」「皇紀二千六百年紀念万国大博覧会開催に就て」などの案を作成し、印刷・配布していた。

図1　国史館建設予定地実測図（『紀元二千六百年祝典記録』より）

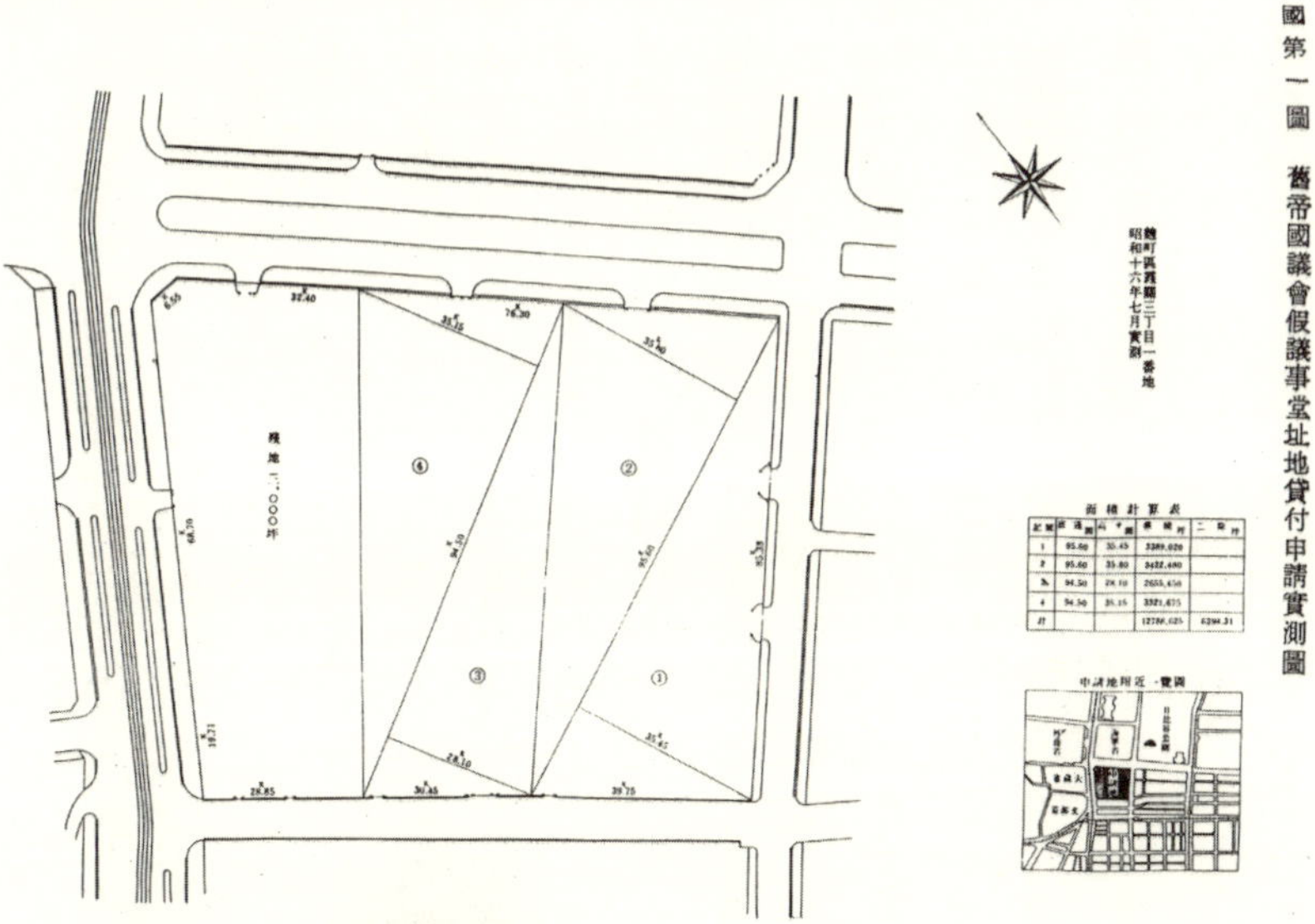

写真1　国史館建設予定地の現在の様子

写真2　国史館建設予定地の現在の様子

写真3　紀元二千六百年記念日本万国博覧会会場

いたというところがポイントです。つまり、欧米に肩を並べられるような大きな博物館を建設して、外国人観光客を増やし、外貨を獲得したいというもくろみもあったのです。

②国体観念注入の場に

一方、この紀元二六〇〇年記念事業については、いろいろな団体が請願や建議などを帝国議会に提出しています。これらのなかには、奈良県皇紀二千六百年記念事業準備委員会による歴史館や、日本民族博物館設立委員会による日本民族博物館のように、国史を記念する博物館の建設を要望したものが数多く見られました。なかでもとくに熱心に活動していたのが、国風会という教化団体です。

国風会とは、一九二〇年（大正九）一一月に江藤哲二《えとうてつじ》を会長にして結成され、「大日本主義」というスローガンを掲げて、皇室を中心とした国民思想の統一をめざして活動する団体でした。その思想を伝えるために、映画と講演会で全国を遊説《ゆうぜい》してまわっていました。一九二一年（大正一〇）に海軍中将の上泉《かみいずみ》徳弥《とくや》（写真4）が会長に就任してから組織が拡大し、会員も四六〇〇人を数える大きな組織に成長していました。

国風会では、紀元二六〇〇年に際して、国体観念注入の場として、「国体館」という大記念博物館の建設を目標に政治活動を行なっています。その中心人物であった上泉徳弥は、賛同者を募るために「皇紀二千六百年記念事業国風会計画建議案」（写真5）という小冊子を

写真4　上泉徳弥（上泉徳弥『大日本の建設』より）

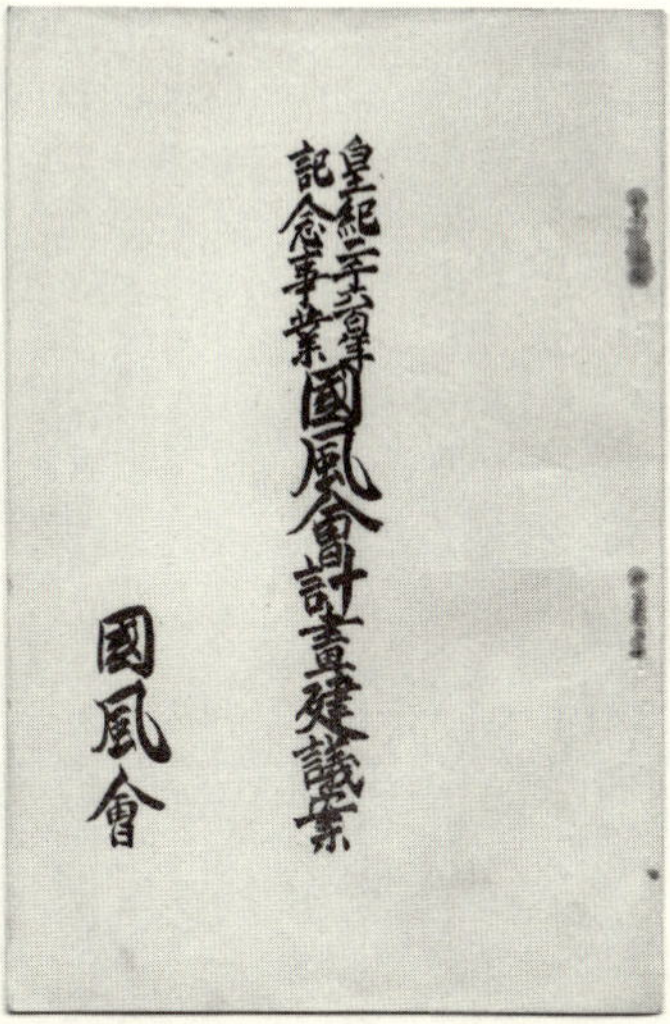

写真5　皇紀二千六百年記念事業国風会計画建議案

独自につくって、政治家などに配付していたようです。その冊子の中では、国体館の事業として「国体明徴に関する実物指導の大設備」を挙げ、その内容として次のようなことが書かれています。

建国刱業《そうぎょう》より明治大正に至る歴代聖業に関する絵画及各種資料を陳列公開し、場内を一巡せば何人と雖《いえど》も直ちに我国体の核心を会得し得るが如き大施設を為す

此陳列館を特に「国体殿堂」と名け、本館の中心道場たらしむるものとす

この計画は、この小冊子を読む限りでは、かなり大規模なものを想定していたようです。この事業内容に対応して、陳列部、図書部、編纂並に編修部、研究部、出版部、講演部、事業部という組織構成を想定していました。国風会では、帝国議会に対して盛んに運動を展開していきましたが、のちに文部省による国史館計画と重なって、名称問題や敷地問題などで対立するようになります。

③国史学の成果の発表と教育の場に

次に、アカデミズムの世界ではどうだったのかを見てみましょう。黒板勝美《くろいたかつみ》[*9]という国史学、とくに古文書学を専攻する歴史学の権威が大活躍します。彼は、紀元二千六百年祝典準備委員会という内閣総理大臣の私的諮問機関の委員になって、国史館の計画について次のように発言します。[*10]

> 単に二千六百年間の歴史的のものを陳列いたす陳列場ではありませぬ、其の国史館を中心として日本精神の作興運動と云ふ意味に於て社会的の国民教育の上に一大貢献をさせたい

つまり、国史学の成果の発表と教育の場としたいということを主張するわけです。阪谷

*9　一八七四―一九四六。明治から昭和期の国史学者。一九〇五年（明治三八）に東京帝国大学助教授兼史料編纂官に任じられて以来、東京帝国大学において国史学を講じ、一九三五年（昭和一〇）に定年により東京帝国大学教授を退官。大正・昭和期における国史学の興隆を指導する立場にあり、多くの後進を育成した。国宝保存会、史蹟名勝天然紀念物調査会、重要美術品等調査委員会などの委員を歴任し、史蹟保存・文化財保護の方面で広く活躍した。

*10　紀元二千六百年祝典事務局『紀元二千六百年祝典記録』（国立公文書館蔵）

表1　国史館計画・展示内容の変遷

件名	提出先	展示内容
国史館建設ニ関スル件（1936.2.20）	祝典準備委員会 第7回幹事会	・御歴代天皇の宸影、宸翰、御遺品等 ・敬神崇祖並に宗教信仰に関する資料 ・忠臣義士其の他歴史上著名なる人物の肖像、筆蹟、著書、作品、遺品等 ・国体明徴に資すべき著述 ・各時代の代表的古文書 ・典籍、記録、日記等の原本又は古写本 ・金石文、古絵図、拓本類 ・対外関係の史料 ・有職故実に関する資料 ・以上に関する写真又は複製品、模写等
紀元二千六百年奉祝記念国史館建設計画案（幹事案）（1936.3.31）	祝典準備委員会第8回幹事会	・御歴代天皇毎に其の御代に於ける著名なる史実を描いた絵画 ・御歴代天皇の宸影・宸翰・御遺品 ・国史・東洋史・西洋史比較年表
国史館建設計画案（文部省案）（1936.4.22）	祝典準備委員会 第4回特別委員会	以下の分類に即した実物・模型・模写・模造・絵画写真 ・皇室関係資料 ・祭祀・信仰 ・教育・思想 ・学術 ・政治・軍事 ・社会事業 ・産業・交通・土木 ・外国関係
国史館建設ニ関スル件（1936.11.2）	祝典評議委員会 小委員会	神祇皇室関係のものを中心とし別に古代（大化改新時代）より現代（明治時代）に至るまで
国史館造営要綱案（1939.12.8）	第1回国史館 造営委員会	神祇・皇室を中心とし政治・産業・軍事・外交・教育・学芸・風俗其の他各般の国史に関する資料
国史館施設内容要綱案（1940.11.29）	第2回国史館造営委員会	・皇室関係資料 御歴代の宸翰・宸記・宸影・御撰集等聖徳を仰ぐべきものを始め皇族の絵筆・御影等皇室の尊厳に拝すべきもの、御即位式・大嘗祭・行幸の如き皇室御儀式に関するもの ・神祇関係資料 神宮・神社の祭祀・崇敬等に関する資料及神道関係資料等神祇の尊崇を偲ぶべきもの ・一般資料 大和、飛鳥、奈良、平安、鎌倉、吉野、室町、安土桃山、江戸の各時代及現代に分ち各時代毎に政治、軍事、教育、学芸、宗教、生活、産業等の各項目に亙り我国運の隆昌、文化の発展、挙国奉公等の事象、忠臣賢哲の事績等の顕揚すべきもの

（金子 淳『博物館の政治学』青弓社、2001年をもとに作成）

芳郎によって動き出した国史館の計画は、この黒板勝美によって実質的な内容を与えられるようになります。

もともと黒板勝美は、関東大震災によって被害を受けた上野の帝室博物館（現在の東京国立博物館）を復興させる運動に関わっていました。しかしその運動では、帝室博物館の歴史部を廃止して、東洋古美術を中心とした大博物館にしようとしていました。歴史学者の黒板が歴史部を廃止させる運動に関与していたのは矛盾するようですが、じつは、上野の帝室博物館とは別に、歴史だけの国立の大博物館を独立させて、別につくろうと考えていたようです。[*11] それが国史館だったのです。それほどまでに熱意を入れて建設に向けて取り組んでいましたが、一九三六年（昭和一一）一一月に脳溢血によってその第一線から退くことになります。

④日本万国博覧会のパビリオンの一つに

一方、政府では、内閣系統と文部省系統と、その対応が分かれるわけですが、内閣では、日本万国博覧会のパビリオンの一つにしようと考えます。内閣総理大臣の諮問機関である祝典評議委員会では、一九三六年（昭和一一）一一月二日に「国史館建設ニ関スル件」という計画案を作成していますが、その中に「国史館は日本万国博覧会の記念建築物を利用して建設するものとす」という一文が添えられています。

＊11　坂本太郎・林屋辰三郎・井上光貞「座談会・国立歴史民俗博物館〈歴博〉をつくる」『日本歴史』第三九七号、吉川弘文館、一九八一年六月

この「記念建築物」は、「肇国《ちょうこく》記念館」あるいは「建国記念館」と呼ばれていて、写真6のような建物が計画されていたことがわかります。この絵葉書の裏に書いてある説明文を見てみると、

写真6　紀元二千六百年記念日本万国博覧会肇国記念館

肇国記念館は紀元二千六百年記念日本万国博覧会東京会場の主標として建設され紀元二千六百年奉祝の国民的紀念物として後世に伝へられる永久建築物でありまして古代日本建築の様式を採り延坪は三千百二十一坪余その高さ百二十八尺で東京丸ビルより約三十尺高い豪壮なものであります（「紀元二千六百年記念日本万国博覧会発行絵葉書」より）

と書いてあります。通常、博覧会のパビリオンは仮設的なものですが、「後世に伝へられる永久建築物」とあるように、万博終了後に国史館にしようという計画だったようです。

⑤「近代的」な機能をもつ総合的な博物館に

政府のもう一系統の文部省では、とにかく「近代的」な機能をもつ総合的な博物館にしようという明確な意図がありま

した。一九三九年（昭和一四）に文部省内に設置された「国史館造営委員会」では、その機能について、「国史館施設内容要綱案」（一九四〇年）で次の一から八までの事項を挙げています。

一、国史関係資料の陳列に関する事項
二、陳列品の修理並に模写・模造に関する事項
三、参考資料の蒐集及保管に関する事項
四、調査研究に関する事項
五、編纂刊行等に関する事項
六、図書室の公開並に国史研究の指導に関する事項
七、講演会・講習会等の開催に関する事項
八、国史関係事業の指導に関する事項

このほかにも、図録やパンフレット、国史館年報などといった報告書などを発行するほか、教員や図書館員などの国史の研修の場にもしようと考えていたようです。施設・設備面でも、表2のように、計画案ながらも近代博物館の機能に即した充実した施設・設備が想定されていたことは特筆に値します。文部省の官僚が、この要綱案の内容を実質的に作

成していることを考慮すれば、ここに示されている国史館の青写真は、当時の文部省における博物館の機能や役割に対する認識を投影したものとして考えてもよいのではないかと思います。

これまで見てきたように、多様な立場ともくろみをもつ集団が、ときには対立をともないながら議論を展開させてきました（図2）。けっして、ある一つの統一的な意思に基づいて推進されてきたわけではなかったということがおわかりいただけたのではないかと思います。

計画案もさまざまに変更され、これらの議論に見られるズレのようなものは、計画に携わる人々の博物館観、博物館に対する思想の違いをも示しています。これは、明治初期にヨーロッパから輸入されて以来の博物館の多様性に基づくものと考えられますが、博物館像に関する共通認識がなく、その博物館像の曖昧さに由来しているのかもしれません。

そして国史館計画は、こうした複雑な関係性の中で揺れ動いてきました。より

表2　「国史館施設内容要綱案」で想定された設備

陳列・保管に関する設備	皇室関係資料陳列室
	神祇関係資料陳列室
	一般資料陳列室（約14室）
	特殊資料陳列室（約３室）
	収蔵庫（各階）
	修理室
	模写模造室
	職員室（１室）
	職員室（約６室）
調査・指導に関する設備	写真室
	製図室
	編輯室
	図書室
	小研究室（約５室）
	大講堂
	小講堂
	講義室（約３室）

大きく捉えれば、その背後には、国家の天皇制イデオロギーによる国民支配が意図されていたことは間違いありませんが、個別の局面では、さまざまな集団の多様な権力が作用しながら、国史館計画を形成してきたわけです。

国史館計画の終息

ところが、敷地もほぼ確定し、実現に向けて動き出したかのように見えた計画も、結局終息に向かうことになります。

この要因としては、やはり戦局の進展による物資不足や、あるいは紀元二千六百年記念日本万国博覧会が中止となり、国史館の設立の契機となった「お題目」が喪失してしまったことが考えられます。

しかし、国史館に内在する問題としては、これだけではなく、より積極的に計画を衰退させるような要因がありました。その一つは、黒板勝美を欠いた歴史学界の動向です。つまり、黒板勝美が失脚したことで、実質的な内容を与えてきたアカデミズムの関与およびその緊張関係が喪失してしまったということです。

黒板が国史館計画に与えた影響は非常に大きいものでした。たとえば、官僚側が国史館を万国博覧会のパビリオンの一部として位置付けようとした際にも、この主張に対して強

図2　国史館計画をめぐる各団体の位置関係

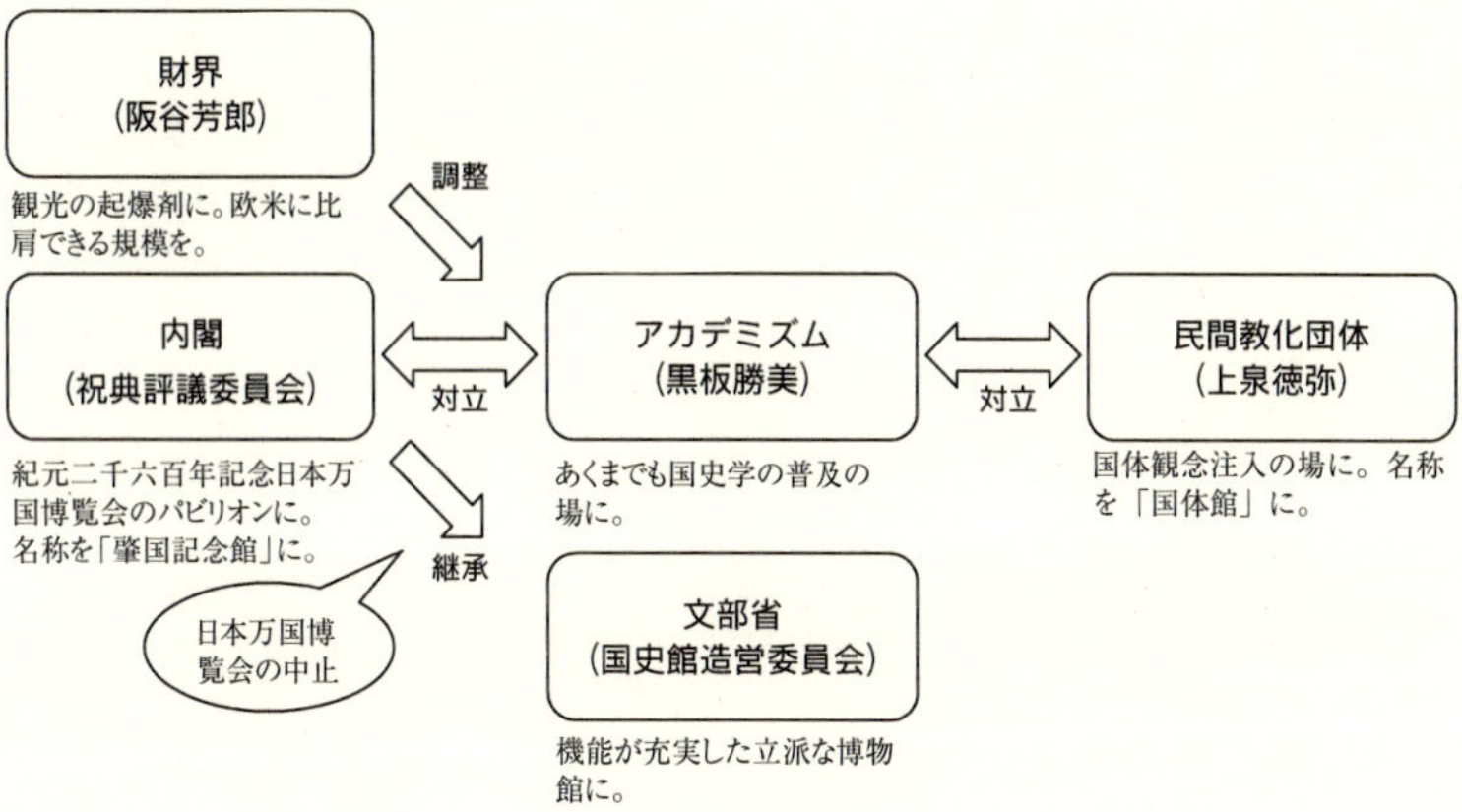

固に反対して、結局、博覧会とは別に単独の計画で推し進めることに成功したように、国史館計画は黒板の意向を軸に展開していました。ところが、一九三六年（昭和一一）に黒板がその第一線から退くと、それを境に計画が衰退化していきます。

アカデミズムからの要求を軸として動いてきた国史館計画が、黒板を亡くしてから骨抜きになるのも当然のことだったといえると思います。こうして黒板がいたころの緊張関係を喪失して、そのまま終息へと向かっていったのです。また、「総力戦体制」への移行にともなって、博物館政策の重点が〈精神性〉から〈科学性〉へシフトしていったことも大きな要因として挙げられます。この〈精神性〉と〈科学性〉を一言で説明するのは難しいのですが、簡単に言うとこういうことです。戦争の進展にともなって、国家は博物館に対して、皇国民の錬成、国体主義といった天皇制イデオロギーに媒介された〈精神性〉と、軍事力に直結する〈科学性〉という二つの異質な要素を啓蒙・普及する場として要請するようになります。この点については、科学界や教育界でも、一九三〇年代の半ば時点ですでに、「日本精神と科学の統一」という命題として提出されていました。そして、この「統一」にはらまれる矛盾への解決というアポリアが、総力戦下の科学界・教育界に突きつけられるようになるのです。

博物館の世界では、このような表立ったスローガンとしては存在しませんでしたが、おおむね同様の問題状況が生じていたと見ることができます。もともと博物館には、明治以来、殖産興業、学校教育の支援、通俗教育、古社寺保存といったさまざまな政策課題が求められていました。ところが、博物館に覆いかぶさっていたこれらの多様で雑多な政策課題は、総力戦体制が確立していくにつれて、次第に〈精神性〉と〈科学性〉の両者へと収斂していくようになります。その際、博物館のもつ多様性ゆえに、両者の「矛盾」として一面的に主題化されるのではなく、むしろ〈科学〉と〈精神〉という二つの対立軸の間を揺れ動き、その布置関係によって博物館のありようが規定されるという特徴をもつようになるのです。国史館は、復古的な精神主義的色彩が強いものでしたが、その後、日米開戦の一九四一年（昭和一六）以降になると、博物館は科学政策の枠組みの中に完全に組み入れられていくようになります。それは、国家が博物館に対して、総力戦遂行のために必要な〈科学性〉を要請していたことの反映にほかなりません。つまり、それが〈精神性〉から〈科学性〉へのシフトです。

一九四一年の開戦以来、日本軍は「緒戦の勝利」といわれる予想以上の成功をおさめて、東南アジア地域を広範囲に占領します（図3）。そして日本は、今度は「大東亜博物館」という大きな博物館をつくろうとします。これは、東京―大阪―昭南（現在のシンガポール）―バタビヤ（現在のインドネシアの首都・ジャカルタ）の「大東亜共栄圏」を結ぶ国立の大総合博物館計画でした。

占領した地域には天然資源が豊富にあったため、科学者の関心が一気に南方に向くようになります。このような「南方科学」の隆盛を背景にして、大東亜博物館が計画されるようになるのです。「大東亜共栄圏」には豊かな天然資源がたくさんあると紹介することによって南方侵略を正当化させる一方で、南方民族の文化の展示を通して日本文化の優等性を説くことを目的とした博物館でした。

この計画が一九四一年以降活発化するようになり、たくさんの科学者や博物館関係者が関わるようになります。このような中で、国史館計画は影がかすんで、ひっそりと終息に向かうようになるわけです。

国史館計画の「復活」

ところが戦後になると、国史館計画は早くも一九五三年（昭和二八）には「国立民俗博物館設立運動」として復活しています。戦前の国史館に代わる新しい国立の歴史博物館をつくろうという動きが、アカデミズムを中心に一九五三年から一〇年以上にわたって行なわれました。

その経過を見てみましょう。まず、一九五三年一〇月に、日本民俗学会・日本民族学協会・日本人類学会・日本常民文化研究所が「国立民俗博物館新設に関する建議書」を文化財保護委員会（文化庁の前身）に提出したことから始まります。

また、その八年後の一九六一年（昭和三六）八月には、日本民族学協会・日本人類学会・日本考古学協会・日本常民文化研究所が「国立民俗博物館設置に関する建議書」を文化財保護委員会に提出しています。これを受けて文化財保護委員会では、一九五五から五八年度まで、毎年予算を要求しますが、いずれも却下されています。

ところが、明治一〇〇年という記念事業と遭遇することにより事態は急転します。一九六八年（昭和四三）に迎える明治一〇〇年を記念するために、一九六六年（昭和四一）、総理府に明治百年記念準備会議が設置され、その会議で、「国土緑化」「青年の船」とならぶ

図３　接収した南方文化施設（田中館秀三『南方文化施設の接収』より）

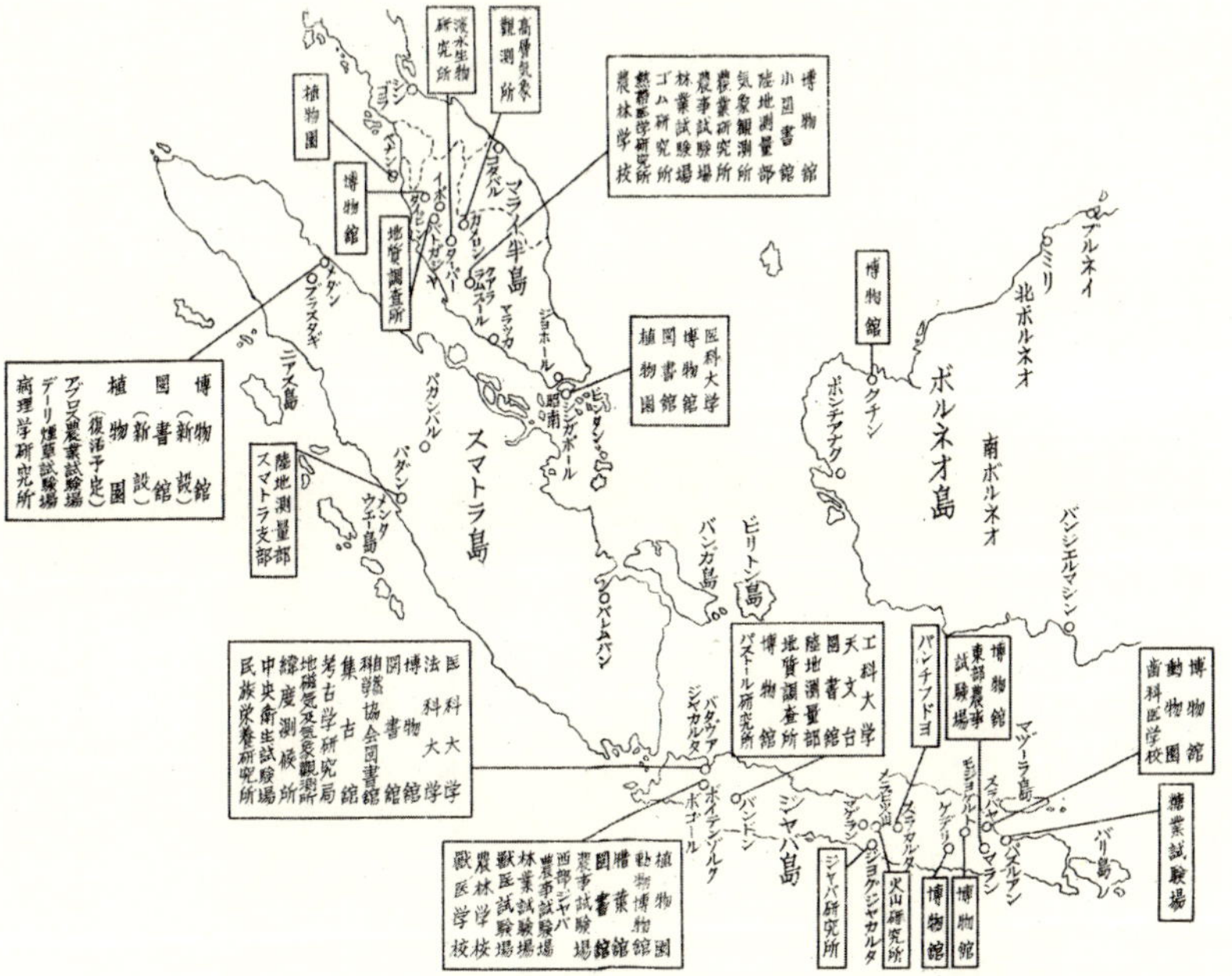

明治百年記念事業の柱である「歴史の保存顕彰」の一つとして「歴史民族博物館の建設」を行なうことが決定するのです。

この決定には、歴史学者である坂本《さかもと》太郎《たろう》の努力に拠るところが多かったといわれています。明治百年記念準備会議の委員に選出された彼は、自ら希望して事業部会に所属して、黒板の遺志を継いで国立歴史博物館の建設を主張します。

そして、この国立歴史民俗博物館ができるにいたるわけですが、ここに、国史館との接点を見出すことができます。坂本は、東京大学教授をつとめ、黒板勝美の後継者ともいえる人物でしたし、彼が明治百年記念準備会議で歴史博物館の建設を主張したときも、黒板がかつて夢見ていた国史館の延長線上に位置付けるというビジョンをはっきりともっていたのです。[*12]

明治一〇〇年という国家の史実を顕彰する事業を契機としていたことも、紀元二六〇〇年を記念して計画された国史館と重なって見えます。このことは、博物館が、ある特定の事柄をオーソライズするための記念碑的な建造物として期待されているからにほかならないということの傍証でもあります。そしてこのシンポジウムの会場となっているまさにこの空間も、そういったこととは決して無縁ではありません。むしろ、そのような政治性に深く刻印されたものだということを私たち一人ひとりが自覚しておかなければならないでしょう。

*12　坂本太郎・林屋辰三郎・井上光貞「座談会・国立歴史民俗博物館（歴博）をつくる」『日本歴史』第三九七号、吉川弘文館、一九八一年六月

改めて「歴史展示の政治性」とは

歴史展示についても、同じことがいえると思います。歴史展示を、自己が所属する集団やコミュニティの「正史を表象する場」と認識するからこそ、宿命的に、展示内容は博物館の外側のいろいろな関係性の中で規定されるということを、私たちは常に認識しておく

必要があります。

冒頭で、事実論を踏まえないままいきなり当為論にとびつく傾向があると、やや批判的に申し上げましたが、けっして「こうするべきだ」という当為論、規範認識が間違っているからやめなければならないと言いたかったわけではありません。

たしかに、「こうすべきだ」という規範認識だけが先行していると、声高に理想を語るか、さもなくば、現実はそういう理想には程遠いとして、行政の無策を嘆くかという、二極化した反応に終始することになります。この「声高に理想を語る」ことと「行政の無策を嘆く」という二つのことは、「こうあるべきだ」という思いが先行しているという点でコインの裏表のようなものです。「官と民のパートナーシップをめざして」などといったスローガンを唱える一方で、同時に「官」の無策を批判するというメンタリティは、一見相反するようではありますが、じつは同じ現象の二つの側面をなぞっているにすぎません。

そうではなく、「であるべきだ」という規範認識のまえに、「である」「であった」という事実認識をまずもつ必要があるということです。いま求められているのは、空想なべき論でもなく、また、思いつきのアイディアに飛びついたりするような節操のない前向き思考でもありません。結局は、歴史的な文脈に即しつつ、具体的な事実を丹念にたどっていくことに尽きるのではないかと私は思います。

自分たちがいる〈場〉がどのようなもので、どのような権力関係の中に置かれているのか、そして歴史的にどのような流れの中にあるのか、ということをきちんと踏まえ、かつ自覚したうえで、これからどうすればよいのかを考える必要があるでしょう。

そしてこのことを考えるのにとても重要な材料を提示してくれているのが、これまで長々と話してきた国史館計画だと私は思っています。

【引用・参考文献】

伊藤 寿朗 一九七一「戦後博物館行政の問題」『月刊社会教育』一九七一年一一月号 国土社
犬塚 康博 一九九九「解説――一九四四年/一九四九年」博物館史研究会『博物館史研究』第七号
犬塚 康博 二〇〇〇「大東亜博物館の地平」「文学史を読みかえる」研究会編『戦時下の文学――拡大する戦争空間』インパクト出版会
金子 淳 二〇〇一『博物館の政治学』青弓社
上泉 徳弥 一九二三『大日本の建設』国風会出版部
紀元二千六百年祝典事務局 一九四三『紀元二千六百年祝典記録』全一三冊(近代未刊史料叢書『紀元二千六百年祝典記録』全二六巻 ゆまに書房 一九九九―二〇〇二年に再録)
坂本 太郎・林屋 辰三郎・井上 光貞 一九八一「座談会・国立歴史民俗博物館(歴博)をつくる」『日本歴史』第三九七号 吉川弘文館
国 風 会 一九三五『皇紀二千六百年記念事業国風会計画建議案』
国立歴史民俗博物館 一九九一『国立歴史民俗博物館十年史』
木場 一夫 一九四九『新しい博物館――その機能と教育活動』日本教文社(伊藤寿朗監修『博物館基本文献集』第九巻 大空社 一九九一年に再録)
田中館秀三 一九四四『南方文化施設の接収』時代社
名古屋市博物館 一九九五『新博物館態勢――満洲国の博物館が戦後日本に伝えていること』
福田 珠己 一九九八「テクストとしての博物館――地域博物館研究に向けて」大阪府立大学『歴史研究』三六号
古川 隆久 一九九八『皇紀・万博・オリンピック――皇室ブランドと経済発展』中公新書
丸山 二郎 一九五三「仮称国史館」黒板博士記念会編『古文化の保存と研究――黒板博士の業績を中心として』

報告Ⅲ

現代生活を展示する

――団地２ＤＫ生活再現展示のその後

青木　俊也

はじめに

博物館が現代生活を展示するには、膨大な広がりをもった生活資料の中から何を資料として保存し、記録していくか、展示として表現するのかという課題をいやおうなく負うことになる。現代生活を示す資料は、生活変化の速度を増している状況の中で、そこに先の基準を設けることは容易なことではない。

しかし、現代と直接に結びついた身近な時代である戦後、とくに昭和三〇年代の生活資料に対して、いくつかの博物館によって独自なアプローチが行なわれている。たとえば、国立科学博物館では、戦後に入って大量生産・消費された白黒テレビなどの電化製品をはじめとする生活資料を産業技術史資料の範疇に捉えて、全国の博物館における保存状況を調査している。また、いくつかの美術館では工業デザインなどの視点によって、戦後生活資料を収集し、企画展を開催している。このようにそれぞれの専門分野からのビジョンが確立されつつある一方で、歴史系博物館では、戦後急速に普及した生活資料に、どのような意義を見出していくのか考えなければならない時期にさしかかっている。実際にいくつかの歴史系博物館では、これらの戦後生活資料を積極的に収集し、その収集目的、基準などの成果が集積されつつある。これらの資料は、伝統的な生活資料であるとされた民具とは一見して異なっている。筆者はこれらの資料を戦後生活史における資料という意味で〝戦後生活資料〟と呼び、その特質を戦後生活の急激な変化を示すことと考えている。戦後の急激な生活変化を表す〝戦後生活資料〟によって、松戸市立博物館[*1]では現代史展示「常盤平団地の誕生」として、日本住宅公団によって建設され常盤平団地（四八三九戸）の公団住宅2DKを原寸大で復元し、入居開始当初（昭和三七年）の居住者家族の生活を再現している。この2DK生活再現展示を公開して九年六ヶ月が経過した。この間に展示がどのように観覧者に受け取られたのか、マスコミに取材されたか。また、それらを受けて、どのように展示を修正してきたのかを振り返りながら、現代社会と直接に結びついたおよそ四〇年前の生活を博物館で展示することの意味を考えてみたい。

常設展「常盤平団地の誕生」における2DK生活再現展示

2DK生活再現の展示意図は、高度経済成長期前後に首都圏で起こった住宅地化、人口増加の一環として、昭和三〇年代半ばまで市域の大半を占めていた近郊農村から首都圏の

＊1　一九九三年開館。所在地・千葉県松戸市千駄堀六七一。開館時間は午前九時半から午後五時（入館は四時半まで）、休館日は月曜日（祝日の場合翌日）、毎月第四金曜日、年末年始。
http://www.intership.ne.jp/~kyo

＊2　常盤平団地は、首都圏整備法による緑地帯、いわゆるグリーンベルトに松戸市域が含まれた条件下での日本住宅公団による公団住宅団地の建設であった。さらに、地域内の農民による農地損失に反対し、営農の継続を旨とした反対運動が起こったことなど、昭和三〇年代以降の松戸市域の急激な住宅地化地域の変貌の様相が表出していた。

住宅地に変貌していった戦後の松戸の姿を、大規模な住宅地化の先駆けであった常盤平団地に象徴して表すことであった。[*2] 端的にいえば、現代の松戸を団地のある街として展示することであった。[*3] そして、この展示によって観覧者に伝えようとしたことは、首都圏の住宅地となりつつあった松戸に移り住んだ新しい市民の生活という地域史によるメッセージと、昭和三〇年代の代表的な住宅・団地2DKにおいて生活革新を実現しつつある居住者の生活であり、この生活が現代生活の出発点の一つとなっているという生活史としてのメッセージであった。[*4]

この展示製作には、公団住宅2DKの復元と入居開始当初の居住者の生活再現が必要であった。住宅・都市整備公団東京支社（準備当時）の協力をもとに、設計資料「公団住宅58T—4N—2DK標準設計図」をはじめとする設計・施工の図面資料、玄関ドアから電気コンセント、マンホールの蓋にいたるまでの建築部材が提供され、公団住宅2DKが復元された。[*5]

一方の入居者家族の生活再現は、理想的には実際に入居開始当初に暮らした常盤平団地入居者の生活を、その入居者の資料によって再現することであったが、いまから四〇年程前、展示準備していた当時から勘定すると三〇年程前の実際の生活そのままを再現することはできなかった。洗剤、食品などの消費財は確実に様変わりし、四〇年前の生活財のほとんどが代替わりしていた。しかも、使わなくなった生活財を保管する場所は団地の居住

＊3　松戸市域の変貌を表すために、近現代史展示「都市への歩み」で、2DK生活再現展示の直前に昭和三〇年代半ばからの急激な住宅地化以前の市域の農村の景観とその生活を、地理的条件によって類型化した四〇〇分の一縮尺の集落模型「下谷・谷津・台」に農村と団地の差を示し、急激な宅地化を表現しているのだが、そこまで理解する観覧者は少ない。

＊4　2DK住宅は、戦中期より西山卯三により提唱された庶民住宅の指標の食寝分を、戦後に食事ができる台所によって実現した公営住宅プランを引き継いだダイニングキッチン（DK）などを特徴とし、戦後を代表する住宅プランと評価されている。

＊5　これらの建築部材は、単に生活再現の材料としてだけではなく、2DKの部材を博物館資料化する活動が集合住宅歴史館を中心にして行なわれつつあり、当館でも建築部材の資料化は今後の課題となっている。

空間にはほとんどない。そこで、展示制作会社のスタッフと協議して、実際の特定の居住者の生活としてでなく、入居者の家族像を明確にした居住者モデルを想定して、その家族の生活を再現する方針が決められた。

そして、2DKに入居した家族を想定するために、住宅・都市整備公団から提供された昭和三五年四月から九月に常盤平団地2DK入居者の調査資料四四七票から「世帯主の年齢が二〇代から三〇代、月収三万円から四万円までの、年齢が若いわりには比較的高収入の東京中心部に勤めるサラリーマンで、夫婦あるいは夫婦と幼児という家族」という入居者像を推しはかった（表1）。この入居者像は、昭和三五年版『国民生活白書』「団地族と新しい生活意識の発生」で指摘された「世帯主の年齢が若く、小家族で共稼ぎ世帯もかなりあり、年齢のわりに所得水準が高く、一流の大企業や公官庁に勤めるインテリ、サラリーマン」と通じるものであった。また、一方で実際の入居者から調査した常盤平団地への入居の経緯、入居開始当初の生活などの資料と、先の資料上から読み取った入居者像とを照らし合わせて次のように入居者家族を想定した。「昭和三五年四月に結婚し、そのまま常盤平団地に入居した（仮名）兼二郎（夫、二九歳・昭和三七年生活再現時）、陽子（妻、二七歳）の二人は、社内のサークル活動で知り合い、昭和三四年の秋に婚約し、翌年の春に予定した結婚後の新居を探し始めていた。当時話題となっていた公団住宅の入居募集を新聞で知り、常盤平団地の2DKを申し込み、幸運にも入居の資格を得た。そして結婚と同時

表1　常盤平団地２ＤＫ入居者の調査資料（昭和35年４～９月・447票）

本人勤務所在地	東京区部東京区部中心部（千代田　中央　港　台東　文京）	319	(66.8%)
	東京区部全域	457	(95.8%)
本人現住所	東京区部中心部（千代田　中央　港　台東　文京）	77	(16.1%)
	東京区部西部（中野　杉並　世田谷　目黒）	77	(16.1%)
	東京区部全域	381	(79.9%)
入居予定人数	２人	202	(42.3%)
	３人	130	(27.2%)
世帯の型	夫婦のみ	193	(40.4%)
	夫婦と幼児（0～5歳）	107	(22.4%)
本人年齢	20歳代	205	(43%)
	30歳代	203	(42.6%)
世帯月収合計	3.0万円～（3.5万円未満）	158	(33.1%)
	3.5万円～（4.0万円未満）	116	(24.3%)
本人職業	被雇用者　一般職員（民間）	269	(56.4%)
	被雇用者　一般職員（官公）	64	(13.4%)

に入居日を迎えた。翌年四月に真理子（長女、一歳）が誕生した」。

この家族の生活再現の特色は、ダイニングキッチンに代表される洋風な新しい団地生活へのあこがれを表現することであった。それは常盤平団地に入居した人たちが、団地生活を始めるときの意識にあたるものであった。このモチーフは団地居住者が生活の合理化を示す電気冷蔵庫・電気釜の高い普及率、生活の洋風化を示すパン食の高い普及率とも対応していた。また、昭和三一年、堺市の金岡団地のダイニングキッチンで共稼ぎの若い夫婦の朝食の光景などを撮影した日本住宅公団の広報写真に見られる新しい洋風な生活というイメージが団地居住者へも影響を与えていたと推定した。*6 そこでこの入居者家族の生活は、電化製品などを取り揃え、持て余すほどの家

＊6　このような団地生活のイメージが、先述した当時の入居者の特性、椅子式用のダイニングキッチンの存在などの実態をベースにしながらも、団地生活というイメージがどのようにつくられ、入居者に広まっていたのかを考えることも今後の課題である。「あこがれの団地生活」というイメージを宣伝した媒体を調査する必要がある。

具を購入した姿、とくに和室にはジュータンを敷いて応接セットを置いて洋風な居間として新しい団地生活のあこがれを表現した。とくに応接セットは、いまから振り返れば２ＤＫの居住空間から考えるとけっして合理的な住まいではなく、いわばあこがれの団地生活への勇み足であるのだが、そうだからこそ展示したといえる。実際に常盤平団地でソファーベッド、安楽椅子などの椅子で生活が行なわれていたことの調査を踏まえて再現している[*7]（写真1）。

そして、千点近くの生活資料によってつくり込んだ空間は、生活を総体として構造的に表現し、解説を最小限にとどめて臨場感を強調している。二〇〇〇年三月時点での利用者アンケートの中の２ＤＫ生活再現に対する感想を確かめてみたところ、「懐かしい」という感想が多かった。ほかには展示内容に触れたものが目立ち、臨場感という強い印象は、展示製作会社の造形デザインを担当したスタッフによる「その場の空気を再現したい」という努力の成果であった。観覧者の注意が展示の内容より、展示技術に向いてしまうという指摘のとおり、この展示によく再現されているという評価が与えられているとともに、利用者の感情に作用して記憶の中の懐かしさを呼び起こしていると推測された。

しかし、常盤平団地入居開始当初の生活は、首都圏の住宅地となった松戸に移り住んだ新しい市民の生活であり、その生活を通して見た昭和三〇年代以降の急激な住宅地化という地域史のメッセージは、大方の観覧者に伝わっていない。このような状況は展示が自由

＊7　千葉大学工学部建築計画研究室によって一九六四年一〇月に常盤平団地で実施された「住宅設備調査アンケート」（有効回答数四六票）では、食事を椅子でとっている家が大半であり、ソファーなどの休息用の椅子を使っている例も確認されている。また、引越し当日に売りにきていた松戸の街の家具屋から、団地で生活するのだからダイニングテーブルを買ったという話が聞かれる。

に見られることの現象の一端として捉えられる。また、この展示への取材記事は後で詳述するが、懐かしさの対象とするもので、アミューズメントパークと一緒に紹介されるものが多く、取材記事で展示メッセージが触れられることはほとんどなかった。

以上のような、展示メッセージが観覧者に届かないこと、昭和三〇年代をテーマとする架空の街を再現したアミューズメント施設と同じようにひと括りにされる中で、この展示に博物館としての独自性があるのだろうか、現代生活を表現することの意義をもっているのかどうかと反芻することになった。

写真１　２DKで暮らす家族（常設展示）

戦後生活資料によって構成されたこの展示は、戦後、とくに昭和三〇年代の急激な生活変化を表すことを基本的な性格としてもっている。この点を個別の展示資料から考えると、この展示の電化製品と同型のものが、アミューズメントパークに置かれたなら、２ＤＫに置かれた電化製品のどこに独自性を見出すべきなのかという問いかけであった。生活再現で展示された個別資料は、架空の入居者家族のシナリオに基づいて収集されたものであり、生活総体としてのアイテムとして位置付けられている。戦後生活資料への博物館側からのアプローチは、資料を収集する現場で、それが購入された動機、経緯、使用状況などを細かく追っていくことから始まる。しかし、常盤平団地の居住者には、当時の主要な生活資料が残されていない状況の中で、実際には現存しないダイニングテーブル、応接セットであっても、それらを居住者家族が、どのような動機から購入し、使用してきたかを詳細に調査する。その資料から洋風のテーブル椅子を望ませた生活背景、風潮を具体的に導き出せれば、その結果として、ダイニングテーブル、応接セットは、懐かしさの対象とされるだけのモノでなく生活の実態を通して人とのつながりをもった博物館資料となることを構想していた。ノスタルジアというイメージと実態との差違を明らかにするためには、抽象化せずに実際の生活の記録に基づいた展示が必要であり、架空の家族ではない実際の居住者の生活を再現した展示に転換しようと考えた。実際の生活に近づいた展示をつくるプロセスが、大量生産、消費された戦後生活資料と人とのつながりを示した生活史、物質文化研究の道筋になり、そして、展示は戦後生活資料となり得る。この考えに基づいて生活再現展示をつくれば、戦後の生活資料をどのように残すのか、記録していくのかという課題に対する一つの回答となるだろうという作業仮説を立てたことになる。

そこで、実際の居住者の生活を記録し、展示する糸口として常盤平団地居住者の家族写真と家計簿の入居当時の生活資料の調査を進めた。[*8] その生活資料の中である入居者の家族写真によって、当時の常盤平団地の生活を再現する見通しが立った。つまり、ノスタルジ

＊8　常盤平団地入居開始当初の家計簿を閲覧し、生活財の購入状況を確認した。

アへのマーケティングを目的として、昭和三〇年代の架空の世界をつくるアミューズメントパークに対して距離を置いたその中身を相対化していく歴史研究としてのメッセージを発信していく生活再現展示であった。

企画展「戦後松戸の生活革新」における２ＤＫ生活再現展示

一九九三年四月の開館より七年半を経た二〇〇〇年一〇月に戦後期における農村の生活改善運動、急激な住宅地化などにともなう松戸市民の生活変化をテーマにした企画展「戦後松戸の生活革新」を開催した。[*9] この企画展示で、常設展の２ＤＫ生活再現展示と別に常盤平団地２ＤＫでの特定の居住者の生活を記録することを目的とした生活再現を行なった。先に述べたとおりに、四〇年前の入居開始当初に暮らした常盤平団地入居者の生活を、その入居者の資料によって再現することができないことを補う方法として、家族写真によって生活をトレースして、そこに同様のモノを配置して展示することを構想した。

生活を再現できるほどの多数の家族写真を撮影した小櫃《こびつ》亮《あきら》氏は、昭和三五年四月に常盤平団地の２ＤＫ住宅に妻と長男の三人で入居している。あるスポーツ新聞の写真部に勤務していた小櫃さんは、昭和三三年四月に結婚し、荒川区三河島アパートで新居を構え、同年一一月に長男が誕生した。長男の誕生を契機に公団住宅の申し込みを続けて、一二月の

*9　松戸市立博物館編　二〇〇〇年

常盤平団地の募集に応募し、翌年四月に常盤平団地2DKに引っ越している。小櫃さんは、長男が誕生してから家族写真を撮り始め、三七年に誕生した次男と二人の成長を写した（写真2、3）。長男が小学校に入学する昭和四一年頃の初めまでのおよそ七年間で、その数は六七〇〇カット、一八七本のフィルムに及び、アルバムには抜粋した写真が貼られていた。小櫃さんはスポーツカメラマンとしての仕事柄、深夜に仕事を終えて朝方に帰宅する生活の中で、睡眠を取った後に家族の写真を撮ったことが多かったという。幸いなことに、その写真には家族を中心とした構図の周辺を丹念に見ていくと、2DKでの日常生活のさまざまな場面が写されていた。[*10]

入居当初のがらんとした2DK室内に、徐々にモノが増えていく生活の軌跡がトレースされ、当時の誰しもが経験した生活の変化が見事に映し出された。昭和三五年の暮れに小櫃さんはテレビを購入し、ベランダ側の六畳に置いている。昭和三七年になると家具が増え、洗濯機もベランダに置かれている。昭和三八年になっても、生活財は増え続け、なおかつ移動している。けっして充分な住居面積だとはいえない2DK内で、どのように工夫をしながら生活を営んでいくかの様子を明らかにしている。このような家族写真から読み取った情報を整理してその成果として生活の変遷を当初の昭和三五年、三七年、三八年というように年代別に、それぞれの生活の状況を部屋の図に示した（図面）。

昭和三五年に入居した時点では、小櫃さんは食卓にちゃぶ台を使っており、ダイニング

*10 青木俊也二〇〇一年

写真２　２DKに引っ越してきた年のダイニングキッチン　撮影時期昭和35（1960）年９月26日から10月１日

写真３　テレビが来た当初　撮影時期昭和35（1960）年12月24日から昭和36（1961）年１月１日

テーブルを使い始めるのは昭和三六年に入ってからである。卓袱台からダイニングテーブルへと食卓が変わったことで、公団の提案通りに食寝分離を実現したことになる。しかし、家族写真の中のダイニングテーブルは朝食、昼食、おやつが写されるだけでなく、また加えて絵本を読み、おもちゃで遊ぶ光景が撮られて、日常生活の中で欠かせない存在となり、さらにお食い初めや、誕生日ケーキを前にした記念写真が撮られるなど、行事のハレの舞台ともなっている。このテーブルが小櫃さん一家にとって重要な存在であることが明らかとなる。生活再現のための家族写真から生活の変化を読み取ることの本質的な目的は、生活に変化を促した動機、すなわち暮らし方、生き方の方法を探ることであると考えられる。小櫃さんの室内の生活財の増減、移動は、そこに暮らした小櫃家の人々の主体的な意志を確認していく作業にほかならない。

実際の展示では、この昭和三五年から三八年の生活の軌跡の中で、昭和三七年の生活を再現した。この三年の2DK生活図と、それぞれに対応する代表的な家族写真を展示して、小櫃さんの生活を表した。さらに、昭和三七年の生活を再現した中には、それぞれの場面を示した家族写真を対応して展示した。これまで繰り返し述べてきたように、家族写真によって小櫃さんの生活にわけ入ってつくった生活の軌跡は、情報を集約してあくまでシナリオ上の家族の生活を再現した常設展に対して、家族写真とともに当時の生活実態を示す確実な記録となり、この記録資料によって再現した展示は、個別具体的な小櫃さん一家の実生活に近づくものであった。生活再現のプロセスの中でダイニングテーブルの光景から読み取った情報は、戦後生活の記録となる。この家族写真生活再現展示は、その実証性から今後の生活再現が博物館展示としての可能性をもっている。

しかし、地域の変貌という展示メッセージの伝達には、この展示は有効ではなかった。家族写真によってつくった生活再現の空間は常盤平団地に荒川区のアパートから引っ越してきた小櫃さんの生活を語ろうとするさまざまな情報が込められている。観覧者は生活のさまざまなディティールから、ノスタルジックな昭和三〇年代の団地生活のイメージだけではない、住民の姿、暮らし方を感じ取る可能性をもっていることを作業仮説としていた。この展示は常設展の家族シナリオによる2DK生活再現展示がノスタルジアの対象として

図面　小櫃さんの２DK生活の軌跡

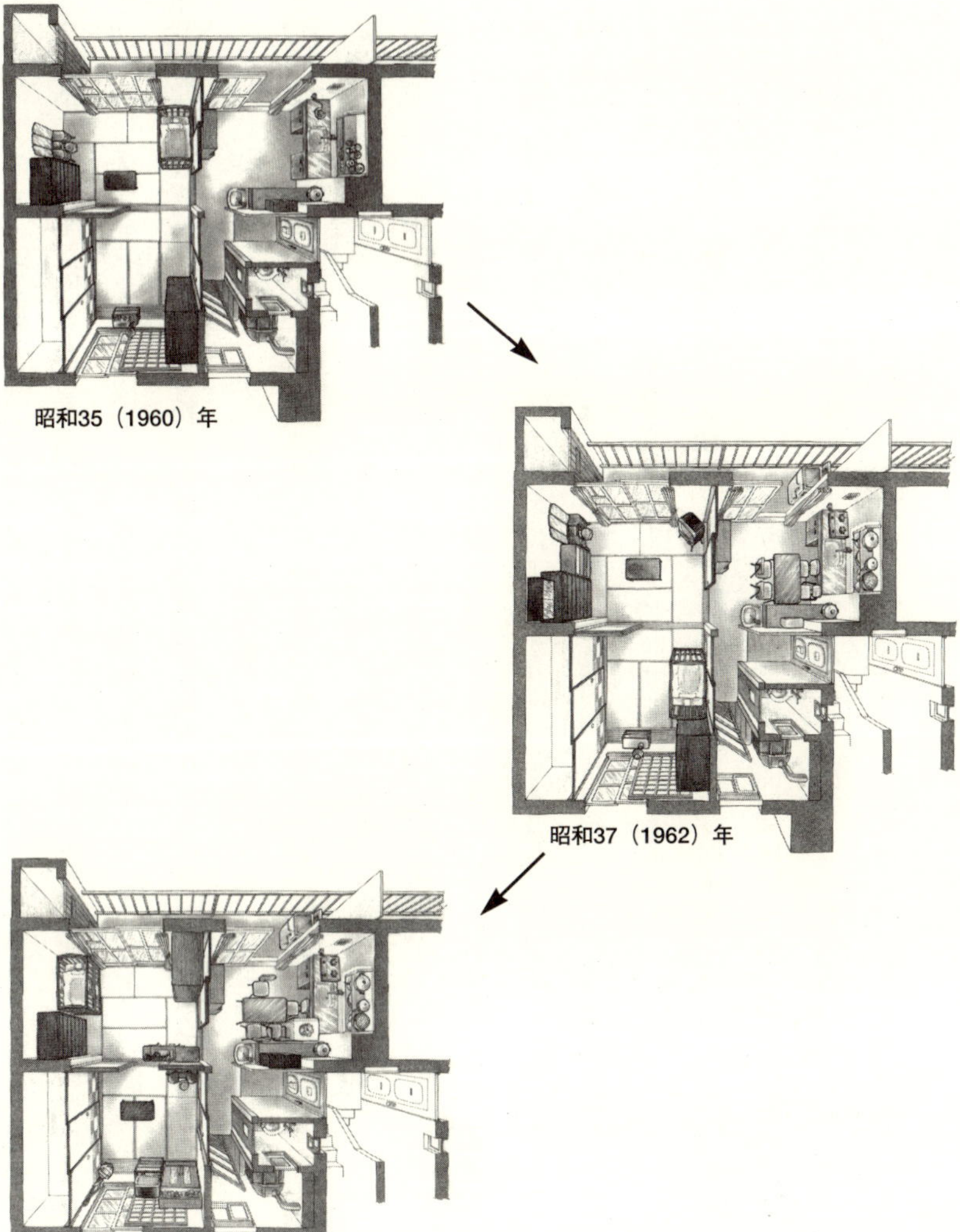

受け取られてしまった状況を改善するためのプランと位置付けていた。その仮説に基づいて、実生活の記録を意図した企画展示と情報を集約して再現した常設展示との二つの２ＤＫ生活再現展示のどちらが、住民の姿、暮らし方が感じ取れるのかを、利用者に調査した。

生活再現の背後にある戦後の松戸市域の急激な住宅地化とそれにともなって移り住んだ新しい松戸市民の生活という展示メッセージが伝わったのはどちらか、魅力があったほうはどちらか、わかりやすかったのはどちらかとか、それぞれの展示に対する興味のもち方などの展示方法による効果の違いを調査して、その成果によって今後の常設展示の２ＤＫ生活再現展示を修正することであった。家族写真を織り込んだ企画展が当時の生活が理解しやすいと評価されたのに対して、常設展が建物の復元が優れ、臨場感が高いと予測通りの評価を得た部分もあったが、この比較による調査は、全体としては明確な回答を得ることができなかった。結果としては、二つの展示の違いが利用者にとって残念ながら大きな作用とならなかったこと自体が調査の成果だと判断するほかはなかった。[*11]

ここでの問題は生活再現のリアリティーと地域の変貌という展示メッセージへの橋渡しをどのようになすべきかということであり、生活再現とは別空間でパネルなどの展示方法による冷静な情報伝達が必要であるという指摘を受けた。[*12] つまり、企画展「戦後松戸の生活革新」全体で表現した戦後松戸における地域の変貌という展示メッセージは、生活再現に集約すべきでないということであった。

＊11　青木俊也二〇〇三年

＊12　この展示メッセージの伝達ついて「２ＤＫの居室再現のリアルさが突出する昭和三〇年代を知る者がそこに入れば、時代探しが優先してしまうのも頷ける。―中略―展示に『ノスタルジア』の印象が強ければ、その迫力の背後にあるいは並列的に用意される、常盤平団地の生活革新を通して松戸の『現代史と地域性』が見えるという、メッセージはかき消されがちとなる。一場面に過重なメッセージを負担させるアンバランスが、展示のすれ違いや未消化を招く結果となっていないだろうか」という批評がされている（北敏『博問研ニュース』二〇五号、二〇〇一年）

松戸の地域変貌にともなう生活変化をメッセージしようとした中で、いくら家族写真によって、個別な実生活を通して、住宅地化にともない出現した新しい松戸市民の生活として表しても、メッセージ通りに伝えることはかなり難しい。小櫃さんの家族写真は生活実態を表すとともに、観覧者はこれらの写真から自分の生活の記憶へと思い巡らすことが多かった。わずか四〇年前の現代の生活再現展示は、自分が体験したことによる読み込みが可能であったり、自分の思い出に入ることでメッセージは傍らに置かれたままであった。企画展示の生活再現でも常設展示の生活再現でも、利用者は自分の記憶にあったモノを生活を通して懐かしさを感じ、自分の思い出を語る人が多いことには基本的に変わりはないという結果であった。生活再現というモノの集積体の展示方法が、この生活再現という昭和三〇年代の生活革新などの説明としてでなく、自身の経験した暮らしの記憶を呼び起こす舞台として、もしくは記憶にある生活資料の集積体の展示として受け止められていることを示している。いうなれば、懐かしさを探し出すために機能していることは明らかであり、「思い出探しの場」であると指摘されている。

今から振り返れば、この展示の意義は展示メッセージの伝達の有効性よりも、何を現代生活として表現すべきであるかという課題に答えようとしたことに意義があったといえる。

昭和三〇年代生活再現展示が表象すること

ところで、いままで述べてきた2DK生活再現展示のように、昭和二〇年代半ばから四〇年代初めまでのある時期の住居あるいは街並みを復元し、そこでの生活を再現する展示手法が顕著になってきている。表2は昭和三〇年代生活再現展示を行なっている博物館を、公開順に並べたもので、葛飾区の郷土と天文の博物館が一九九一年七月に公開されてから二〇〇一年四月の浦安市郷土博物館と流山市立博物館までで、この一〇年間で一一カ所の展示が集中してつくられるようになっているが、未だ日は浅いことがわかる。この比較的身近な近過去ともいうべき時代の生活が、新設の歴史系博物館の常設展示の現代史コーナーの展示としてつくられ、現代史展示によく見られる展示アイテムとさえなっている。また、常設展示リニューアルで昭和三〇年代生活再現展示が加わった流山市立博物館などの例も確認される。これまで現代史の展示に大きなスペースをさくことがほとんどなかったのが、これらの原寸大の昭和三〇年代の生活復元展示がつくられた結果、歴史系博物館の戦後史、現代史の展示スペースが飛躍的に拡大したことになる。

これらのいわば戦後生活再現展示は、それぞれ地域に即した独自なテーマ、メッセージをもっている。たとえば、この展示の先鞭をつけた葛飾区郷土と天文の博物館では、昭和三四年のボルト・ナット工場とその住居の再現では、工場を経営している父親と、祖父と

師勝町歴史民俗資料館
昭和30年代の食品店

表2　昭和30年代生活再現展示を行なっている博物館

施設名	開設年月	所在地	備考
葛飾区郷土と天文の博物館	1991年7月	東京都葛飾区	昭和34年のボルト・ナット工場
松戸市立博物館	1993年4月	千葉県松戸市	
師勝町歴史民俗資料館（昭和日常博物館）	1993年より昭和をテーマ	愛知県師勝町市	昭和30年代の食品店・雑貨店・床屋など
滋賀県立琵琶湖博物館	1996年10月	滋賀県草津市	昭和39年5月10日の彦根市本庄町・富江家
荒川区立荒川ふるさと文化館	1998年5月	東京都荒川区	昭和41年夏、路地にある靴製作の作業所付併用住宅
昭和のくらし博物館	1999年2月	東京都大田区	昭和26年から公庫住宅での生活
大型児童館ビックバン	1999年6月	大阪府堺市	昭和30年代、大阪の街
東北歴史博物館	1999年10月	宮城県多賀城市	昭和40年頃、仙台市の雑貨屋
新潟県立歴史博物館	2000年8月	新潟県長岡市	昭和30年代初め、高田市・雁木（がんぎ）通りの商店街
浦安市郷土博物館	2001年4月	千葉県浦和市	昭和27年の漁村
流山市立博物館	2001年4月リニューアル	千葉県流山市	昭和38年ごろ、江戸川台団地の住宅

母親と二人兄妹の五人家族が隣接した住居に暮らすテレビを買ったころの生活を再現し、変わりゆく郷土をテーマに地域的な特色をもった戦後の暮らしを表している。滋賀県立琵琶湖博物館「農村のくらし」では琵琶湖の東岸、彦根市本庄町の富江家の昭和三九年五月一〇日の生活を再現している。水利用などを通してみた環境との共生をメッセージとしており、「当時の水利用の工夫、人と身近な自然とのかかわり方などを、農村の日常のくらしにひたる中で感じとっていただきたい」と表明している。荒川区立荒川ふるさと文化館では、「あらかわの暮らしと空間」と題し昭和四一年夏の路地の環境を音響を主体として疑似体験要素を加えて再現した空間の中で、靴製作の作業所付併用住宅での生活を再現している。また東北歴史博物館の昭和四〇年頃の仙

新潟県立歴史博物館
「雁木通り」の駄菓子屋

滋賀県立琵琶湖博物館
C展示室の「富江家」

台市の雑貨屋の生活再現では、東北の都市部に及んだ高度経済成長の波を表現しているとされる。それぞれに独自の題材とテーマを対象にしている。

しかし、そこに展示されたのは、食卓に食事が盛り付けられて、そこには当時、購入したばかりの白黒テレビを見ながら家族が団らんする場面であることが当館の２ＤＫ生活再現展示生活再現展示も含めて多い。食事を共にする場面は、食料事情の好転による日常生活の食事に加えて、当時生活革新といわれた物資的に豊かになったことの生活史を背景にしている。たとえば、現代の家庭の食生活を展示したならば、このような団らんの場面が表出されるのだろうかと考えていただきたい。このイメージが共通して読みとれることを考慮すれば、食事場面を見せ場にするという展示手法だけでない理由を考えるべきであろう。すなわち、これらの団らんの場面には、物質的には未だ豊かとはいえないが、新しい生活をめざし、実現しつつある昭和三〇年代の家族生活というモチーフの幸せなイメージが共通して読みとれる。戦後を平和な豊かな時代とする基調がここには表出されている。この幸せそうな家族生活の展示がノスタルジアの対象として読み取られていくことは、昭和三〇年代という近しい過去の記憶が、これらの展示によってどのように思い出されているのかを見るうえで興味深い状況を示している。結果的に観覧者によって懐かしく観られていくことは、誰もが豊かになっていった昭和三〇年代という「共有された過去」、いい換えれば社会的な広がりをもったノスタルジアを再生産していることになるのだろう。

少なくとも、現代史展示の生活再現展示は、基本的には先に述べた戦後生活資料を博物館資料と認め始めたことが背景になっているはずである。しかし、現代史展示がこの展示手法に偏るようになった理由は、展示意図だけでなく、展示効果も考慮して考えなければならない。生活再現が戦後生活資料の集合体として当時の家庭生活のアイテムを一切合切見せていくことである。このような光景を見た観覧者は、自分の生活経験と結びつけて、この当時に使い始めたモノへの思い出に対する懐かしさを感じるという反応が想定される。このような展示効果のうえに、幸せそうな家族の団らんの場面を描いたことで、歴史的評価が定まりきらない時代を展示する難しさをごまかしてしまい、当時の政治史問題などを覆い隠してしまったり、薄めてしまう可能性がある。

しかし、企画者が意識しているかどうかに関わらず、戦後に対する歴史評価自体をはぐらかす展示手法として、観覧者が懐かしいと感じることを前提に、安易に先例の形ばかりに見習って、多くの観覧者の興味を集める生活再現展示が採用されている可能性も否定できない。また、生活再現だけでなく展示表現をとっている場合でも、観覧者の興味が生活再現のイメージに集中してしまう状況もある。たとえば、現代史展示「常盤平団地の誕生」は、先述したとおりに地域の変貌を意図した中で、常盤平団地造成に対する該当地区内の農民を中心とする反対運動を起こった末に完成している。この事実の展示表現として、日本住宅公団による常盤平団地造成の記録映画「新しい都市」を、展示用の短縮映像の中の反対運動のシーンを放映している。しかし、観覧者の興味は2DK生活再現展示に集中して、政治的な問題に関心をもつ人は少ない。つまり、生活再現展示によって飛躍的に現代史展示のスペースが拡大したことに対して、現代史展示の内容が深まったとはいえず、多様な表現の可能性が閉ざされているといえる。

昭和三〇年代の記憶と記録

さて、現在の私たちは近しい過去である一九六〇年を中心とする一〇年間である昭和三〇年代を、どのような時代だと考えているのであろうか。昭和三〇年代は後半が高度経済成長期と重なりながら、戦後の中でもっとも大きく生活が変化した時期だった。当時、この変化を生活革新と呼んだ。この期間は、人と自然環境の関係の変化、洋風な生活様式の浸透、電化製品の普及などさまざまな生活の変化の読み取りが可能であろう。民俗学が対象としてきた習俗の変化もその一つである。

その一方で、昭和三〇年代という言葉自体に懐かしさを感じ取れるようになって久しい。この背景には、出版、映像などをはじめとするさまざまなメディアが、この時代をマーケッティングの対象としている状況、いわゆるリバイバルブームが繰り返されている風潮がある。このような流行は、一九六〇年代と表現をかえながらも、昭和から平成、戦後五〇年世紀末から二一世紀へという節目をむかえながら、一五年以上にわたって続き、すでに、この風潮は昭和三〇年代ノスタルジアの世相として定着しているようにも感じられる。先に述べた戦後生活資料が、早くから骨董市場における生活雑貨というカテゴリーを形成して、コレクターズアイテムとなっている。また、ノスタルジアをターゲットにしたマーケッティングのもとに、昭和三〇年代をテーマにして街並みを復元したアミューズメントパーク、ショッピングスポット、飲食店などが、一九九四年につくられた新横浜にあるラーメン博物館から端を発し、現在に至るまで続々とつくられている。これらの施設は、博物館の展示よりはるかに著名で、いわゆる昭和三〇年代ノスタルジアという風潮の中核となっている。

先述した昭和三〇年代生活再現展示の観覧者は、アミューズメントパーク同様に昭和三〇年代ノスタルジアを感じることを期待して、これらの博物館を訪れていることも想定できる。このような観覧者がどのような経緯で、博物館を訪れているかを推定するために、これまでに２ＤＫ生活再現展示が受けた雑誌、新聞などの活字メディアの取材の記事内容を整理した。[*13] 団地２ＤＫ生活再現展示はおおむね、常盤平団地の生活でなく、全国の都市部でどこにでもあるような昭和三〇年代の団地生活、高度経済成長期の代表的な生活として説明されることを多く求められたといえる。展示を紹介した記事の要点は、生活再現の臨場感や入居家族の様子に焦点を当てて紹介している中で、昭和三〇年代へのノスタルジ

＊13 青木俊也二〇〇二年

アの対象としての興味をもっとも強調し、ノスタルジックな世界への誘いであった。「人々は豊かさに酔いしれ、さらなる進歩や発展をめざしてモーレツに働いた。不況にあえぐ現代から見れば、お気楽な時代だったともいえるが、そこには『明日への夢や希望』が存在していたのは確かだ。だからこそ、僕らはドリーミーな昭和三〇年代に魅かれるのかも知れない…」(「昭和三〇年代レトロ体験」『じゃらん』二〇〇一年一二月)。明るく元気な昭和三〇年代というノスタルジアが、〝昭和三〇年代〟の表現にあらわれる中で2DK生活再現展示は、ほかの博物館展示ともにアミューズメントパーク、商店街、飲食店などと同じ記事で紹介されている。このような昭和三〇年代ノスタルジアをモチーフにした取材記事を見て当館を訪れ、展示を楽しむ利用者も数多くいることを、いささか図式的にすぎる想定をしてみたことがある。ただし、それらの展示にノスタルジアを感じる観覧者は、とくにこの展示の紹介記事を読まなくても、そのほかの昭和三〇年代のノスタルジアの情報、それらと結びついた自らの経験などによって、同様の読みとりが可能である。この展示の観覧者へのファクターとなった昭和三〇年代ノスタルジアは、展示紹介を記述だけでないもっとはるかに広範な拡がりをもつものであり、これらの記事はその一端を示しているにすぎない。少なくともこの風潮が、観覧者の先入観となって展示の理解に作用する一つの道筋として考えると、2DK生活再現展示を取り巻く展示企画者・観覧者・取材者の各々のメッセージのずれが折り重なっていく状況を想定できよう。

ともかく、昭和三〇年代ノスタルジアに内在している、明日への希望があったという昭和三〇年代の肯定的な記憶イメージは、先の昭和三〇年代生活再現展示の物質的には未だ豊かとはいえないが、新しい生活をめざし、実現しつつある昭和三〇年代の家族生活と結びつくものである。この時代の生活に対する前向きな記憶は、昭和三一年度版『国民生活白書』で、「消費生活の向上がほぼ一義的に生活福祉の向上に結びつくという視点が暗黙のうちに前提とされ、社会と生活の発展に対して基本的には楽観的な展望に彩られていた」という生活革新への肯定的な評価とオーバーラップしたものであるように見える。そうすると、この肯定的な評価を織り込んだ昭和三〇年代ノスタルジアには、生活革新の矛盾部分が排除されていると考えられよう。

常設展の２ＤＫ生活再現展示は生活革新のめざした新しい生活のとりあえずの実現であり、そのことを洋風生活の象徴として応接セットを展示した。つまり、洋風な生活に対するあこがれを表現したことは、生活革新の肯定的な評価に結びついている。

この展示が表現した生活の洋風化・合理化は基本的にいまの生活に引き継がれ、観覧者が懐かしむ展示資料は現在でもモデルチェンジした同種のモノが使われている。思い出を語る観覧者も、白黒テレビを使おうとは思わないし、現実の団地生活の狭さなどの制約も理解している。例外的にこの暮らしにあこがれるのは、リバイバルブームに影響され丸形の電化製品のデザインに興味をもつ人たちである。

企画展「戦後松戸の生活革新」の企画段階のアンケート調査で、昭和三〇年代のあこがれの生活と現在のあこがれの生活との比較をしたところ、昭和三〇年代のあこがれがモノを手に入れることへの傾向が強いことに対して、現在のあこがれは、二〇代などの若い年代を除けば時間的なゆとり、豊かな自然環境などに対するものへと大きく変化している。[*14]2DK生活再現展示が昭和三〇年代のあこがれを示すとともに、要するにこの再現への懐かしさは、当時あこがれた団地生活へのノスタルジアを示している。しかし、その延長として、現在の最新のモノを揃えた生活は主要なあこがれではなくなっている。調査で確認し昭和三〇年代のモノへ仮託したあこがれの記憶は、当時の生活革新を肯定的に捉えた生活経験を示しているようである。たとえば、使い古されて役に立たなくなった電化製品などの〝戦後生活資料〟を資料収集するとき、それを使っていた人たちが話す、それらを手に入れ、使い始めたときの喜びというモノに対する心地よい思い出、懐かしさは、生活革新を肯定的に捉えた記憶であり、当時の急激な生活変化を表している。そして、これらのモノにまつわる生活変化の記憶は、博物館資料として記録されていく。はじめに述べたように、戦後生活資料記録・保存という博物館の活動は、いい換えれば、急激な生活変化を示す戦後生活資料に対する使用者の懐かしさをともなう感性の記録化でもある。また、戦後生活資料に対する使用者の懐かしさをともなう感性は、昭和三〇年代ノスタルジアで語られる肯定的な思い出とも通じて、この風潮の一つの基盤をなしている。

*14　青木俊也二〇〇三年

さて、生活再現が表した戦後の家庭生活のイメージには、その時代の生活経験の記憶と交差して、懐かしい光景として映り、ノスタルジアの対象となる。これまでの博物館展示の中で共感できる懐かしさの対象が農家の生活だったことから再現した戦後、とくに昭和三〇年代の生活へ入れ替わったり、もしくは加わっているかのように思われる。観覧者の興味の中身も懐かしさがその中心を占めている。

たとえば、常盤平団地も二〇〇〇年四月に入居開始四〇周年を迎え、初期の入居者は優に定年を迎える年齢に達している。団地に育ったその子どもたちの中で三〇代から四〇代の人たちにとって、懐かしむ対象、共感できる昔が団地の家庭生活になっていることを、企画展「戦後松戸の生活革新」の観覧者の動向によって確認している。自分の子ども時分の生活経験に結びついた展示に懐かしむこと自体は、当然のことであり、世代の交代にともなう懐かしさの対象の変化の始まりを示しているとともに、この感情によってこの期間の生活の変化を人々が記憶に強く残していると考えられる。懐かしさの記憶の中にある現在の生活様式との連続性を強くもつ昭和三〇年代の団地生活は、ノスタルジアの対象の変換を迫るほどにそれまでの生活との断絶を深くもっているように思われる。

しかし、展示されたモノを通して語られる思い出や、戦後生活資料の使用者の懐かしさなどの昭和三〇年代の生活革新の記憶には、モノが欲しくても手に入れることができなかった焦燥感などのつらい記憶がほとんど抜け落ちている。もともと、生活の変化を肯定的に捉えた言葉である生活革新の矛盾を示す明るく元気な昭和三〇年代ノスタルジアに一括りされないような、この時代の生活記録に基づいたメッセージを発していく展示が必要である。たとえば、テレビを手に入れた喜びだけを表現したものでなく、隣の家にテレビがきてうらやましかった状況をも当時の生活変化の一部として掬い取るような表現の展示をも構想してみたい。

また、2DK生活再現展示ではモノを通して思い出を子どもなどの連れの人に懐かしく語る観覧者が多い。このような思い出の会話は、子どもにとっては実物を見ながらの学習となり、大人と子どもの世代間の交流となっている。このような会話は、先に述べた2DK生活再現の取材記事の中のノスタルジアの対象としての紹介の趣旨を大人が語ることと、それを聞く子どもにとっては、小学生用の学習資料図書における戦後の代表的な生活とされる団地生活の解説を大人から聞くことにあたる。展示を媒介にした会話を通して、昭和三〇年代の生活変化は語り伝えられ始めている。このように語り伝えられている昭和三〇年代の記憶の生成に博物館の展示は触媒となり、立ち会っていることを記録すべきである。

【引用・参考文献】

青木　俊也　二〇〇一　『団地２ＤＫの暮らし─再現・昭和三〇年代─』河出書房新社
青木　俊也　二〇〇二　「団地２ＤＫ生活再現展示が表象するもの」『群馬歴史民俗』第二三号群馬歴史民俗研究会
青木　俊也　二〇〇三　「生活再現展示をつくる思考─展示利用者調査の試行─」『松戸市立博物館紀要』第一〇号松戸市立博物館
経済企画庁編　一九六一　「団地族と新しい生活意識の発生」昭和三五年版『国民生活白書』
松戸市立博物館編　二〇〇〇　『戦後松戸の生活革新』

報告Ⅳ

歴史展示をつくるとは

――歴博総合展示を手がかりに

小島　道裕

はじめに

「国史館」の後身であります国立歴史民俗博物館（以下、「歴博」）の小島です。先ほど金子さんから歴史的な話をしていただきましたので、私のは展示の中身のほうについて、また「当為論」、それがどうあるべきかという話にも踏み込んでみたいと思います。

歴博は、先ほどから話に出ておりますように、できてからもう二〇年になります。二〇〇二年が創設二〇周年で、二〇〇三年が開館二〇周年です。現在内部では「第二期展示」といっておりますが、さすがに二〇年も経ちますので、次の総合展示（常設展示）のリニューアル計画を立てているところですし、また近年は「教育プロジェクト」「観客調査プロジェクト」といった実験的なプロジェクトを立ち上げ、科学研究費[*1]も取得して、博物館に関する検討を行なっております。

今日はそのような議論を踏まえまして、私なりに、歴史展示とはどういうものか、どのようにしたらよいのだろうか、そういったところを少しお話しさせていただこうと思います。

＊1　科学研究費補助金「生涯学習時代における博物館教育・教育員養成および歴史展示に関する総合的研究」二〇〇〇年～二〇〇二年度

歴史展示はどのようにすれば成り立つのか

先ほど吉田さんからも話がありましたように、展示というものが、そもそも意図的なもの、恣意的なものにならざるを得ないということは明らかであろうと思います。ですからこれは歴史展示に限らないことだとは思いますが、一方で、これが美術展示や科学系の展示ならそれなりの方法はあるでしょうし、また歴史展示との違いもあるだろうと思います。つまり美術展示でしたら、作品を陳列してそれを鑑賞するということで展示が成り立つと思うのですが、しかし歴史系の展示は、必ずしも資料そのものを見せるための展示ではありませんので、この方法だけでは成立しないことになります。

また科学系の展示については、科学的な知識や科学の原理といったものを展示する、普及する、ということだと思います。これももちろん、それが正しいか正しくないか、あるいはなぜその問題を採り上げるのかというところで、もうはっきり意図的なわけですが、しかし、こういった方法での展示にせざるを得ないのではないかと思います。

科学系の方に歴博の展示をご案内いたしますと、もどかしい、この展示は何をいいたいのかわからない、という感想や違和感をいわれることがありますが、おそらくそれはこの辺の違いからきているのだと思います。つまり、われわれの考えています歴史展示というのは、特定の歴史像というものを押しつけることはできないんだ、という前提で行なっているからです。

もっとも、最近海外の博物館の調査も行なっておりますが、世界的に見ますと、歴博などで行なっておりますような通史的かつ中立的な立場での歴史展示というのは、むしろあまり見られないのではないかと思います。多く見られますのは、午前中に吉田さんからお話がありましたような、韓国や中国の戦争関係の記念館の展示、あるいは、先日もアメリカのユダヤ人ホロコースト関係の博物館[*2]を見てまいりましたし、あるいは全米日系人博物館[*3]では、やはり強制収容所に入れられた体験をもつ日系人の歴史を展示しておりますが、こういった展示は、当事者による主張ですから、特定の歴史像そのものなわけです。あるいは、国の独立について教育するための展示なども同じことがいえますが、そういったものはかなり見られるわけです。

しかし、歴博のように極力、金子さんのお話にもありました政治性というものを避けていこうという立場に立つ限り、「国定教科書」になってはいけないということが歴博がつくられた当時ずいぶんいわれたわけですが、こういった立場に立つ限り、特定の歴史像を押しつけることはできないのです。

そうすると、展示の意図がありながら、資料を見せるだけの展示にもできないし、歴史像を押しつける展示にもできない。では、どういったところにわれわれの考えるような意味での歴史展示というものが成り立つのだろうか。まがりなりにも歴博はこの二〇年間、

＊2　Museum of Tolerance（寛容の博物館）ロサンゼルス所在

＊3　Japanese American National Museum ロサンゼルス所在

「国立唯一の」とこれまでよく言っておりましたが、歴史系博物館として展示を行なってまいりましたので、その反省のうえに立った総括がやはり必要だろうと思います。歴博を代表する立場ではありませんが、この歴博の展示を素材として報告させていただこうと思った次第です。

歴博（第一期）総合展示の特徴と問題点

歴博の総合展示——通史的な展示は、いま「第二期」を計画中ですので、現在のものは便宜上「第一期」といっておきますが、特徴と問題点を改めてまとめますと、まずよく言われますのが、テーマ展示、課題展示であるということです。これは一つには、政治的な意味での通史ではない、ということです。展示を御覧になればすぐわかることですが、権力の主体——幕府とか政府とか、そういったものの変遷はいっさい扱っておりません。権力者の肖像も全くありませんし、個人名も政治的な意味では出てこない、そういった方針で貫かれております。

これは、当時教科書裁判が問題になっていた時期だったということもありまして、特定の歴史観になりやすい政治史の展示を避けた結果でもあります。内容的には「生活史の展示」といっております。そして、学術的に重要で関心も高いテーマを選んで、テーマ展示として行なっています。ですから、そのテーマを構成するために、資料は実物に限らず、レプリカや模型を多用しております。これが一つの大きな特徴です。

これに関連して特徴として挙げられるのは、ところがそれが「象徴展示」「モニュメント展示」というべきものになってしまっているのではないか、という点です。これは、第一期展示の反省の中で出てきた言葉でもあるのですが、つまりここでのテーマというのは、ある何らかの時代の、安定期の――「典型的な」といったらよいでしょうか、そんなものが歴史上本当にあったかどうか、かなり怪しいと私は思いますが――そういったものの構造を象徴的に示す、そういう展示になっているわけです。

それからもう一つは、自由に見るということを前提にしていることです。ですから、動線は全く自由です。お客さまはどのように見ていただいてもよい。ご自分で見ていただいて、自分なりの歴史というものを考えていただければよい。ですから解説も少ないというか、積極的にはしておりません。こういったところがおそらく歴博の現在の総合展示の大きな特徴であろうと思われます。

つまりこれは、特定の歴史観ではない、観客の自由に任せる、というのが大前提なわけですが、しかし考えてみると、このテーマ展示というのは、なぜそのようなテーマを選んでいるのかというところから始まって、明らかに特定の歴史解釈の結果に過ぎないわけです。ついでに言うと、テーマごとに独立してしまって、その間の連携が全くないことも歴史展示としては問題です。

また照明を見ていただくと、私はこのごろ「雰囲気照明」とか「こけおどし照明」とか悪口を言って順次改善を行なっているのですが、一つの展示を所与のものとして、意味のない明暗をつけてしまっています。歴史を表現し理解するために設定されたはずのテーマが、いつの間にか独立して価値をもつ「所与のものとしての展示」になってしまっているわけです。そうなってしまうところに、やはり非常に大きな問題があると思うわけです。

観客の自由ということをうたいながら、あるいはむしろその結果として、観客の理解を支援するということは基本的にしないわけです。そもそも、お客さまがどのようにして学んでいかれるのか、ということについて理解しようという姿勢はそもそもないわけです。したがって、テーマ展示と言いながらそのテーマの意味は理解しがたく、しかも個々の資料の意味も、象徴的な展示であるために非常に閉ざされてしまっている、そのような結果に陥っていると言わざるを得ないと思います。

たとえば、中世を扱った展示室に「板碑《いたび》」という資料がありますが、これは「東国武士の嗜好」ということを示すために展示される表象に過ぎないわけです。ところが銘文を見ますと、これは夫婦の一対の板碑でありまして、非常に豊かな内容があるのですが、そういった個別性というものは無視されていたわけです（写真）。

しかもなぜその資料が展示されているのかは大変理解しづらいので、結局のところ、第

リニューアル前の板碑の展示（上）。夫婦の板碑であることは無視され、デザイン上の都合だけから雁行状に配置されている。下は現在の板碑の展示。二つを並べて、銘文についての釈文と解説を補い、子ども用の解説も付けている。また、ワークシートでは梵字などほかの要素にも注意を促している。

一期の総合展示でお客さまが見て感じ取られることというのは、歴史資料というのはやはり形などに面白さはある程度ありますので、個々の展示物の、しかしその展示から一見してわかる範囲での面白さ、というものと、それから雰囲気としての展示の面白さ――これはそれ自体には意味は全くないのですが――こういったものに依存してしまっていて、それ以上の発展は望み得ない、そのような展示になっていると思います。

それでは、これをどのようにしていけばよいのだろうかということで、以下に二つ、AとBとしてまとめてあります。

A・展示意図の理解を積極的に図る―復元展示の徹底

【命題一】資料は歴史展示としては常に不完全である

歴史資料の不完全性

一つは、展示意図の理解を積極的に図ること、具体的には、復元展示を徹底してみてはどうだろうか、ということです。つまり歴史資料というのは、たとえば多くの考古資料は破片ですが、破片であるものは完形にしないと意味がわからない。完形品も、単体の資料だけではなく、使用環境に戻さないとやはり十分意味がわからない。使用環境を部分的に復元したとしても、それがどのように社会の中で使われているのかということを復元していかないと、やはりもう一つ深いところでの意味がわからない。という形で、結局のところ、資料をそのまま展示しても、それは歴史そのものではないので、こういった復元を進めていくことが不可欠ではないのか、ということです。

また文字資料の場合も大きな問題があるわけで、歴史学の研究は、多くの場合文字資料に非常に依存して進められているわけですが、ところが文字資料、たとえば古文書などを展示したとしても、少なくともそれを読んでそこに書かれている内容がわからなければ意味は伝わらない。実際にはさらにいろいろな背景もわからなければ、その意味は理解できず、歴史がわかったことにもならないわけです。つまり、「命題一」と大げさに書いたのですが、資料というものは、歴史展示としては基本的に不完全であると言わざるを得ないのです。

そこで、復元的手法で歴史像を伝えるということは、どうしても必要だと言わざるを得ないのではないでしょうか。歴博の第一期の展示でも、レプリカや模型の使用ということを大胆に取り入れているわけですが、これはすでに、資料だけ、とくに実物資料だけでは歴史は展示できない、という考え方に立っているわけで、それを発展させていくと、おそらくこういうことになるのではないかと思われます。

私がイギリスで見てきました展示でも、「機能主義的展示」と仮称していますが、実物資料の機能を明らかにするために復元的な展示を行なっているという例がかなりありました。[*4]

*4 小島二〇〇〇年b参照

それに限らず、こういった機能主義的な展示というのは歴史展示の一つの方向であると思いますし、また、復元的な手法としては、言うまでもないですけれど、実物を用いた復元だけではなくて、さまざまなレベルで可能です。復元画ですとか、コンピューター・グラフィック、ジオラマ、原寸大の復元、それから最近よく見ますのは、アクター、俳優さんが展示室にいて、お客さまが登場人物の一人になってしまう展示──「ロールプレイ型の展示」などといっておりますが──そういったところまでの復元もあり得るわけです。

ですから、手法的にはこういったものがいろいろと考えられるわけですが、しかし復元を進めれば進めるほど、危険性も増していきます。資料自体を離れて、復元を行なった人間の解釈に沿ったものになっていくわけですから、それはつまり、いよいよ一方的な形での言説の押しつけ、ということになってしまうわけです。

展示者との対話の必要性

【命題二】歴史展示とは展示者による歴史叙述であり、展示者と不可分である

そこで、何が必要なのだろうかということでもう一つ考えてみますと、展示者との対話が必要なのではないだろうか、ということがあります。

「命題二」として書いたのがこれで、つまり、「自由に見る」という名の下に、誰がどういう意図でつくった展示なのかということは、いままでむしろ隠してきたわけですが[*5]、

*5　ただし、展示プロジェクト委員の氏名自体は、展示案内書（国立歴史民俗博物館一九八三年、一九八五年～一九九五年）に掲載され、公開されていた。秘密にされていたという意味ではない。

これは逆であって、隠してはいけない、むしろ積極的に言っていかなければならないのではないかと思います。

つまり資料を展示する場合には、展示シナリオの中ではその資料の多様な意味の中の、一つの意味において資料を展示しているわけですので、なぜそういう展示をつくったのかということをちゃんと説明しないといけない。つくる側と見る側——「参加する側」といってもよいと思いますが——とのコミュニケーションが不可欠ではないだろうか、観客と資料との対話ということだけではなくて、観客と展示者との対話ということも必要になってくるのではないか、ということです。

最近、教育学のほうの理論で、「構成主義」ということがいわれており、アメリカの博物館教育では理論的なバックボーンとされているようですが[*6]、これは、つまり単純に知識を与えられるということではなくて、学習する人間、博物館でいえば観客が、対象との関わりを通じて自分の意味、知識というものを能動的に再構成していくんだ、そういう理論だとうかがっております[*7]。そういった考え方に立つと、相手がはっきり見えるということ、展示者がなぜそう考えるかを説明し、観客とコミュニケーションをとるということが、やはり必要な要素なのではないかと思います。

ですから、必要なのは、むしろ展示意図の明確化、ある一つの意図に沿ったものであることをはっきりさせていく、ということだと思います。展示意図の説明、だれがどういう

＊6　井島一九九九年

＊7　飯田二〇〇〇年。飯田氏はこの理論について、空のバケツに「知識」を入れていくのではなく、「私の知識」という名のブロックの作品をつくり変えていく、というたとえを使って紹介している。

意図でつくったのか、別のいい方をすれば展示者の声――これは文字通り音声装置で語りを組み込んでしまうことも可能で、いま行なわれている「中世寺院の姿と形」[*8]という展示でも、ごく一部ですが、「モシモシ装置」などと言っている受話器型のもので解説をしてみたりしてもいるわけですが――展示者の意図を、展示の中に積極的に組み込むことが必要だと言えると思います。

しかしそればかりですと、一方的な押しつけになりますから、そこでもう一つ必要な問題として、「常に元の資料に帰れること」という点があります。歴史展示というのは、必ず何らかの資料に基づいて構成されたものであるわけですから、どうしてこういう展示をつくることができたのかということ、展示者が資料から展示をつくる際に必ず行なったはずの、資料から意味を汲み取るという営みに、観客も参加していくことを促していくことが必要なのではないか、ということです。

つまり、当館でもよく「研究成果を展示する」というのですが、これが結果を伝えるだけということであれば、いわゆる「由《よ》らしむべし、知らしむべからず」の展示になってしまいます。先日も、北朝鮮との国交回復交渉の際に、政府が拉致被害者の家族の方に「あなたのお子さんは亡くなっています」とそれだけ伝えるようなやり方をして非常にひんしゅくを買いましたが、そういう伝え方はいけないわけです。この場合で言えば、「北朝鮮の情報ではこれこれです」と、元の資料のところからきちんと伝えていく姿勢をもたないと、

＊8　企画展示「中世寺院の姿と形―密教・禅僧・湯屋―」二〇〇二年一〇月一日〜一一月二四日

こういうことになるわけです。また、結果の視覚化のみを追求するのであれば、やはりこれは一つの国定教科書にならざるを得ない、そういうことであろうと思います。「なぜそう言えるのか」ということの資料と、それから論理。これを利用者と共有していくような形での展示が、ありうべき歴史展示ではないかと思います。

B・観客自身による歴史像構成の支援―リソースとしての展示

資料の意味を開く

【命題三】資料の意味は限りなく多様である

そこで、Bとして、「観客自身による歴史像構成の支援」という項目をつくってみました。「リソース」というのは、資源とか材料とかいう意味です。

資料の意味は限りなく多様でありますから、展示の意図どおりでなくても、資料を観察して、資料のもつ意味そのものを理解していけば、そこから多様な歴史像というものを組み立てていくことができます。つまり、示された展示シナリオというものは一つの言説に過ぎず、資料からは、本来は多様な歴史像を構築しうるのです。そのことを最初から提示していくこと、観客の側がほかの意味も発見できるように励ましていくこと、意味と解釈が多様なものなのだという、多様性を確保していくこと、一つのシナリオを押しつけるのではなくて、観客が関心に沿った結果を得られるように支援していくこと、そういった積極的な方法が必要だったのではないかということです。

先ほどの板碑の問題にしても、当初の展示では無視されていた、銘文を読むということ、現在では釈文も展示室に出しておりますが、あるいは板碑の形が、なぜこういう形をしているのか、あるいは梵字が、阿弥陀種子《しゅじ》が彫ってありますが、それについて考えてみる、あるいは、これは夫婦の板碑でほとんど同じ形をしていますが、これによって社会的な背景、当時の女性の権利の高さといったものを解説することもできるわけです。ですから、当初の「東国武士の嗜好」という意図されたシナリオ以外にも、じつはいろいろな形での解釈が可能なわけです。こういったことを私は、「資料の意味を開く」と言ってみたいと思うのですが、いままでの考え方では、これを一つのシナリオに押し込めて、むしろ閉ざしてきてしまったのではないか、この点を反省する必要があるのではないかということです。

【命題四】歴史展示は教育プログラムになじみやすい展示である

そこで必要になってくるのが、ソフトのほうの問題です。これまで述べてきたことは、結局のところ歴史展示はハードとしての展示だけでは完結しようがないということ、すなわち、ソフトあるいは教育プログラムによる理解が必要だということです。そして、歴史博物館というのは、じつはこの教育プログラムに非常になじみやすい博物館なのではないか、とこのごろ考えております。なぜかというと、歴史を明らかにするというのは、もともと必ず何らかの資料があって、それをもとにして特定の歴史像というものを組み立てていっているわけですから、資料から歴史像をつくるプロセスそのものをプログラムとしてつくっていくことが可能ですし、またむしろ必要であろうと思われるからです。

ですから、同じ一つの展示、同じ一つのハードであっても、さまざまなプログラムをつくればさまざまな理解の可能性を示すことが可能ですし、逆に言えば、リソース（材料）としての展示さえあれば、プログラムをつくっていくことは無限に可能なわけです。

しかしこれは、言い方を変えると、展示シナリオとは別の解釈を押しつけることにもなりうるわけですが、しかし、展示シナリオだけという場合に比べて、「ほかの見方もあるよ」ということを示すことはできる。つまり解釈の多様性を示していくことはできるわけです。

それからもう一つは、お客さまが自ら発見するということ、何らかのプログラムを通じて、資料から歴史像を組み立てるという能力を身につけていただければ、ちょっと僭越な言い方ですが、これはトレーニングになる、という意味で有効ではないだろうかと思います。つまり、こういったプログラムでのトレーニングの結果、プログラムに依存しなくても自分の力で資料から歴史像を構築していく、そういうことができるようになるのではないかということです。

また、体験展示やハンズオンといわれる体験的なプログラムも、このような「資料の意味を開く」という意味で、有効な手段となりうるだろうと考えています。つまり、五感での理解というのは、見るだけの場合よりも確実に多様な理解が可能になるわけです。

歴史像を提示する手段としては復原がある意味で不可欠ですから、歴史展示ではどうしても復元的な展示が多くなるわけですが、しかし、観客の側に立って、自らの内に歴史像を結ぶことが歴史展示の意味だとすると、見た目だけの再現をすることだけが復元ではなくて、追体験ということも復元になりうるのではないかと思います。

ついでに、歴史系博物館における体験プログラムはどういう分類になるのだろうかということを整理してみました。じつは、いま行なっております中世寺院の企画展でも、この三つに相当するものをささやかながら入れたつもりです。[*9]

〔歴史展示における体験プログラムの分類〕

a 追体験型

過去と同じ体験をする、という意味での復元、資料理解

主観的、共時的

b 研究体験型

資料の意味を汲み出す方法の体験

＊9　この企画展では、①五鈷鈴を鳴らす、②銘文をこすり出す、③禅僧風の個人印をデザインしてみるの三つの体験コーナーを設置した。

客観的、通時的――▶さらに博物館の外へと広がる

c 創造型

過去の資料や同じ体験を元に、新たなものを創造する

（歴史は止まっていないという意味で、Aの一部とも言える）

まとめ

【命題五】歴史展示はそれだけでは完結しない

そこでまとめに入りたいと思います。ここで言ってきた「ハードとソフト」ということですが、これを博物館という場の意味で考えてみたいと思います。そうすると、歴史展示というのは、結局のところそれだけでは完結しない、と言えるのではないかと思います。つまり、ハードとしての展示というのは、それ自体に意味があるとはどうも言い難い。そうではなくて、それが無限に広がっている現実の歴史への橋渡しとなるということにおいて意味をもつのではないだろうか、ということです。

ハードに依存する展示ですと、そのハードだけで閉ざされてしまうわけですが、それに依存しない展示ならば、むしろ対象はどんどんと博物館の外へ広がっていくはずです。博物館の展示というのは、現実の一部でしかないわけですし、歴史の表現としては、資料も

展示も本質的に不完全なわけですが、その意味を開いていくと、さらに外の世界とつながっていく、外の世界とのつながりの中で意味を汲み出す作業に進んでいくことになるはずです。

具体的に言いますと、展示に出ているもの以外の館蔵の資料はどうなのだろう、ということになるはずですし、あるいは博物館の外にある資料、あるいは遺跡、地域の伝承といったものではどうなのだろうか、そういったところに問題が確実に広がっていくはずです。

考えてみますと、歴博で積極的に導入しましたレプリカや模型の使用ということは、すでに博物館が所蔵資料の展示施設であることを放棄している、というふうにも言い直せると思います。つまり、博物館というものが、所蔵しないものについての理解を図る施設に、すでになっているわけです。そう考えると、歴史系の博物館というものは、歴史全体のビジターセンターである――御承知と思いますが、大きな遺跡ですとか、国立公園などに行きますと、全体がこうなっているということを、地図や模型で示したり、出土した資料が置いてあったりして、見学する時に、事前に何らかの知識を得ていくための施設がビジターセンターですが、それにたとえられるのではないでしょうか。博物館の中の展示それだけに意味があるのではなくて、むしろその外に広がる全体を理解するための施設というふうに位置付けることができるのではないかと思います。

またいい方を変えれば、「トレーニングセンター」、つまり、その広がる全体を探険するための技術を獲得する施設だとも言えると思います。このように外の世界とのつながりで考えますと、展示以外の活動――教育普及、資料の収集保存、調査研究といったことが博物館の役割と言われていますが、それと展示との関係も見えやすくなるのではないかと思います。

自由な学びと創造性

これを歴史系博物館における教育プログラムについて、少しまとめ直してみたいと思います。「自由な学び」、あるいは「創造性」ということが、このごろ博物館の世界ではよく言われていますが、そういった観点から少し整理をしてみますと、歴史系博物館における「究極のプログラム」というのは何だろうか、という話があります。じつは、「私のガイドブック」というプログラムがあるのではないかと、このごろ個人的に言っているのですが、何かというと、これは白紙だけのプログラムです。

最近、歴博のガイドブック[*10]をつくる作業をいたしまして、――売店でも五〇〇円で売っていますから、ぜひお買い求めいただきたいのですが、――やってみると面白いんです。展示の中から任意の資料を選び出して、それに解説をつけていくという作業、これをプログラムにすると、非常に面白いのではないか。つまり、以上のような形でトレーニングを受け

＊10　『国立歴史民俗博物館ガイドブック』歴史民俗博物館振興会発行

て、自分で資料から歴史像をつくっていくことができるようになった方が、自分の関心によって自由に資料を見て、調べて、そして一つのガイドブックならガイドブックという形で表現していく。展示というのはその素材としてあるし、また展示だけで完結してしまう必要は全然ないわけで、その外に広がっていくことができる。そういうプログラムというのが「究極のプログラム」かなあ、と考えてみた次第です。

歴博で行なっている現行のプログラムにどのようなものがあるかと言いますと、私が担当して一九九九年度から試行しているものに、「れきはく親子クイズ」という家族向けのワークシートタイプのプログラムがあります。これは、資料を観察し、考えて、表現する——表現は言葉の場合もあれば、スケッチなどの場合もあるわけですが——そういうメソッドを基本にしてつくったつもりです。

これはただのクイズではなくて、資料との対話によって、何らかの意味の発見をしていただこう、という内容です。ですからその場合、資料のラベルについている意味とは必ずしも同じでない意味を発見することになるわけです。これは一方で、設問と解説を通じて、展示した側、あるいは設問者との対話をすることにもなるのではないかと考えています。

それからもう一つ紹介しますと、「れきはくをかこうよ」という、これは一種の写生会ですが、二〇〇一年度から久留島さんが担当で試行しまして、子どもを対象にするだけではなくて、先生のための講座でも実験しておりますが、非常に意味がありそうです。これは要するに資料を自分で選んで、スケッチをして、それについて説明をしていく、そして歴史や美術の専門家がそれについてコメントをしていくわけですが、これもやはり資料を選んで、観察によって自ら意味を発見して表現する、そういう内容になっているのではないかと思います。

こういったところを発展させていくと、歴史系博物館における有効なプログラムというものがだんだんとわかってくるのではないかと考えている次第です。

もう一つの問題——変化をどう展示するか

最後に「もう一つの問題」として項目を立てておきましたが、最初に言いましたように、現在の展示が「モニュメント展示」であるとすると、つまりこれは変化が見えない展示なのです。一つ一つの時代の「典型像」というものは（あったとして）わかるかもしれませんが、なぜそれが次の時代に変わっていくかということがさっぱりわからない。歴史というものは、常に変化していくものですから、それをどう展示するかということがもう一つ残る課題であろうかと思います。

民族展示の場合でも、伝統文化という固定化されたイメージとして一つの展示をつくるだけでは不可であるということは吉田さんが繰り返し主張しておられますが、このように変化していく現実を展示する必要があるのだとすれば、民族展示もやはり歴史展示たらざるを得ないのではないかと思います。もし御異論があれば吉田さんに後でおっしゃっていただきたいのですが、とにかくいかに変化を展示できるかということが歴史展示の一つの課題だろうと思います。

まだはっきりした答えがあるわけではもちろんありませんが、少なくとも「象徴展示」から脱却することは必要であろうと思われます。固定した再現展示からでは、変化というものはどう考えても出てこないのです。閉ざされた所与のものとしてではなく、資料の意味を開いて再構成していくという、その作業の中で、何がどう変わっていくのかということが認識されていくでしょうし、それを通じて歴史の変化という問題も明らかにしていくことが可能であり、また必要なのではないかと思うわけです。

以上、歴史展示のあり方について、大変未熟ながら、これまでの経験を踏まえて少し考えを述べさせていただきました。議論の参考になれば幸いです。ありがとうございました。

【引用・参考文献】

飯田　浩之　二〇〇〇　「図書紹介：ジョージ・E・ハイン著『博物館における学習』」『博物館研究』Vol.35 No.8

井島　真知　一九九九　「ミュージアムエデュケーターとして考える教育と展示—ニューヨーク・バンクストリート大学院博物館教育プログラムを通じて—」『展示学』第二八号

久留島　浩　二〇〇一　これからの歴史系博物館について」地方史研究協議会編『二一世紀の文化財—地域史料の保存と活用—』名著出版

国立歴史民俗博物館　一九八三　『国立歴史民俗博物館』講談社

国立歴史民俗博物館　一九九一　『国立歴史民俗博物館十年史』

国立歴史民俗博物館　一九八五～九五　『日本の歴史と文化—国立歴史民俗博物館展示案内（初版～第三版）』

国立歴史民俗博物館　一九九七　『国立歴史民俗博物館 第三者評価報告書—展示を中心として—』

国立歴史民俗博物館　二〇〇一　『れきはくへいこうよ 教育プロジェクト活動報告—一九九八～二〇〇〇—』

国立歴史民俗博物館　二〇〇二　『れきはくへいこうよ 教育プロジェクト活動報告—二〇〇一—』

国立歴史民俗博物館　一九九五～九九　『国立歴史民俗博物館研究年報』四～八（総合展示暫定改善について）

小島　道裕　一九九二　「博物館とレプリカ資料」『国立歴史民俗博物館研究報告』第五〇集

小島　道裕　二〇〇〇ａ　「歴博の展示リニューアル」『博物館研究』Vol.35 No.4

小島　道裕　二〇〇〇ｂ　『イギリスの博物館で—博物館教育の現場から—』歴博ブックレット一六

小島　道裕　二〇〇一　「イギリスにおける博物館の現状—特に博物館教育について—」『国立歴史民俗博物館研究報告』第九〇集

今日出海他　一九七一　「国立歴史民俗博物館（仮称）の基本構想をめぐって」『月刊文化財』第九四号

報告Ⅴ

観客から見た歴博

竹内　有理

はじめに

ご紹介いただきました国立歴史民俗博物館（以下、「歴博」）の竹内です。冒頭で久留島さんが触れられていましたが、当館にとっても観客が歴博をどう利用しているか、どう展示を見ているかという研究が必要ということで、観客調査を担当するスタッフとして三年前に歴博に参りました。

吉田憲司さんからは、展示をつくる側のズレのようなお話がありましたが、私の報告ではつくる側とそれを見る側でどういうふうにズレがあるかなど、観客がどのように歴博を利用し、見ているかということについてお話したいと思います。それとともに、こうした観客調査を行なっている博物館が最近徐々に増えてきており、歴博よりもずっと先立って行なっている館もありますが、当館での取り組みも含めて、ご紹介したいと思います。

先ほどから、「観客」という言葉を使わせてもらっていますが、実際に博物館に来た来館者、それから実際には来ないけれども、いろいろな形で利用する方を含めて「観客」と言えると思うのですが、この表現は私が歴博に来るまえからすでに使われていました。これは、館内で統一した共通認識があって使われているものではどうもなさそうですが、私自身はこの「観客」という言葉を気に入っています。というのも、博物館が「対象とする人」という抽象的な概念も含む表現として非常にいいと思うからです。英語でいうと「オーディエンス」になりますが、そのようないろいろな意味を含む言葉として「観客」という言葉を使いたいと思います。

観客調査の位置付けと概要

まず、当館においてどのような位置付けで観客調査が行なわれているかについて簡単に説明させていただきます。先ほど久留島さん、小島さんからもありましたように、総合展示（常設展示）のリニューアル計画の一環として、観客の視点に立った展示をつくっていくということが理念の中で謳われているのですが、そのためには観客が誰であるかを知ること、観客がどう利用しているか、どう見ているかということを知る必要があるのではないか。そういうことから観客調査を行なうことになりました。このようにして二〇〇〇年度から始められたのですが、最初は、総合展示のリニューアルを検討する第二期展示委員会の中に属する形で位置付けられました。その後、二〇〇一年度からだったと思いますが、リニューアルの展示だけではなく、現状の展示施設やサービスも含めて観客により近づけるための取り組みが必要ではないかということで、第二期展示委員会に属する形から、広報普及委員会の下に位置付けられて、「観客調査プロジェクト」として新たにスタートしました。その広報普及委員会というのは、研究部の教員からなる委員会で、教育普及活動や広報活動などについて検討している委員会です。もうひとつの、五年前からスタートした教育プロジェクトと並立する形で活動しています。

それで重要なのは、調査の結果がどういうプロセスで現場の改善やプログラムの改善と企画に反映されているかということですが、調査結果を還元させるシステムがまだ館内にきちんとした形でつくられていないというのが正直なところです。いまは試行的に、あるいは研究の一環として、調査を行なっているという側面が強いかもしれません。いずれは、日常的な業務として現場に活かすシステムをつくっていかなくてはならないと思います。ここでは、調査を担当している立場から、私の個人的な見解を述べさせていただきます。

まず、私自身は観客調査について、次のように解釈しています。観客調査を行なう目的は三つあると思います。一つは、マーケティングとしての目的です。これは歴博に来てくれる観客の数を増やすという目的にもなりますが、既存の利用者に対しては、満足度をより高め、利用していない人に対しては、なぜ利用していないのかを明らかにして、問題を取り除き、新たな利用者を開拓していく、そういったマーケティングとしての目的です。もう一つは、展示を改善するためです。いわゆる観客の視点から分析した展示評価です。作り手と観客の間でどういうギャップがあるのかを明らかにし、それを埋めていく作業です。それを展示の改善に活かしていくものです。三つめの目的として、広い意味での教育的な目的があると思います。すぐに観客の数が増えるということには結びつかないかもしれませんが、歴博での体験がその人の人生になんらかの影響を与えられるように、いろいろな教育プログラムを実施するとか、提供するサービスの質を高めていく必要があると思うのです。長期的に見れば、それが観客の裾野を広げ、観客の数を増やしていくことにもなると思います。このように観客調査には三つの目的があると考えています。

では、実際にどのような調査を行なっているのかといいますと、一つは、観客の属性やニーズなどを知るマーケティング的な調査です。満足度調査、いわゆるＣＳ調査（Customer Satisfaction）にあたるものといってもよいかもしれません。二つ目が展示評価調査、展示の改善のための評価調査です。それから教育プログラムなど、個々の事業の改善や次の企画に役立てていくために教育効果や満足度などをはかる調査も行なっています。

観客の属性と利用実態

では、これまでに行なった観客調査からいくつか調査結果をご紹介します。まず、歴博の観客層についてです。こちらは、二〇〇一年の八月と二〇〇二年の五月に行なった面接調査の結果ですが、国立といいながらも、来館者のほとんどは千葉県民であるということがわかります（図1）。それからリピーターの割合についてですが、二つの違う時期に行なった調査結

図1　来館者の属性：どこから来ているか

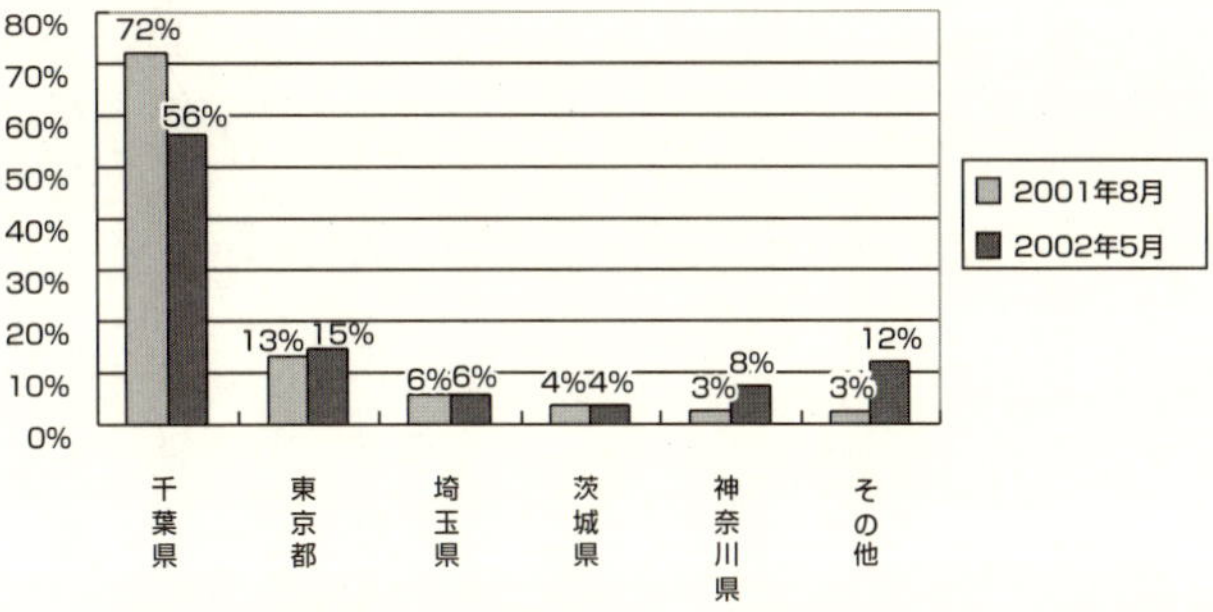

N=547(2001.8調査)　N=302(2002.5調査)

果はほぼ同じで、初めてが三七％で二回目以上を合わせると半数以上を占めています（図2）。この調査は企画展開催中に行なったものなので、初めて来館した人の割合が三七％にとどまっていますが、常設展示のみの時期だと、この割合はもう少し高くなります。それから、誰と来たかについては、企画展の内容や開催時期によって傾向が違うことがわかりました（図3）。二〇〇一年の八月に行なった調査は「異界万華鏡」展というお化けや妖怪についての展覧会の開期中でした。二〇〇二年の五月に行なった調査は、「古代日本文字のある風景」という企画展の開期中でした。「異界万華鏡」展は、内容とともに夏休み期間中ということもあって家族連れが非常に多かったのが特徴的です。このように企画展の内容や実施時期によって客層が異なるので、調査の際には、またその結果を読む際には注意する必要があります。

　次に、観客がどのように歴博を利用しているかについてですが、各展示室の滞在時間を調べてみました。[*1] みなさんご存知かと思いますが、歴博には全部で五つの展示室がありまして、第四展示室の民俗の展示室を除くと、第一展示室の原始古代の展示から第五展示室の近代の展示というように、時系列になっています。図4は各展示室の平均滞在時間を示したものです。だんだん減っているのがはっきりとわかります。第一展示室の平均滞在時間が三六分です。第四展示室になると一四分、第五展示室になると一五分と、大きく減っています。また、第一展示室から第五展示室までほとんどの観客は順番に見学していることもわかりました。歴博の建物の構造は、中庭を囲むように回廊があり、そこからどの展示室にも自由に出入できるようになっています。しかし、そのように利用する人はほとんどいなかったのです。各展示室の滞在時間がだんだん短くなっているのも、見学順路と関係があるということです。

次に、歴博の展示や施設、サービス全体について満足度を五段階で評価したものについて見てみたいと思います（図5）。満足度がもっとも低かったのは、見学順路がわかりにくいというものでした。それからみなさんのなかにも同じように思われた方がいらっしゃるかもしれませんが、歴博までのアクセスについても満足度が低くなっています。レストランも満足度が低いものの一つです。[*2] 自由回答でも、「とくに博物館で改善してほしいことは何ですか」と訊ねたところ、一番多かったのが、やはり見学順路のわかりにくさを改善してほしいという

＊1　宮田公佳、竹内有理、安達文夫「展示改善にむけた観客調査の設計と実施―見学順路と滞在時間から見た観覧行動の解析」『国立歴史民俗博物館研究報告第一〇八集』国立歴史民俗博物館（二〇〇三年刊行予定）

＊2　現在のレストランではなく、二〇〇三年三月まで開業していた以前のレストランに対する評価である。

図2　歴博に来た回数

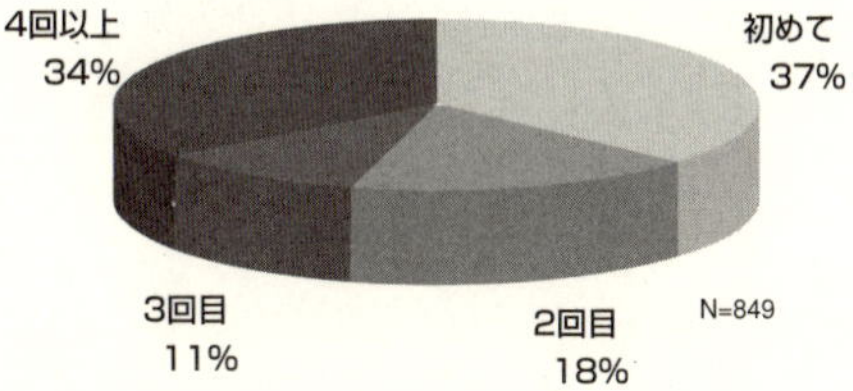

図3　だれと来たか

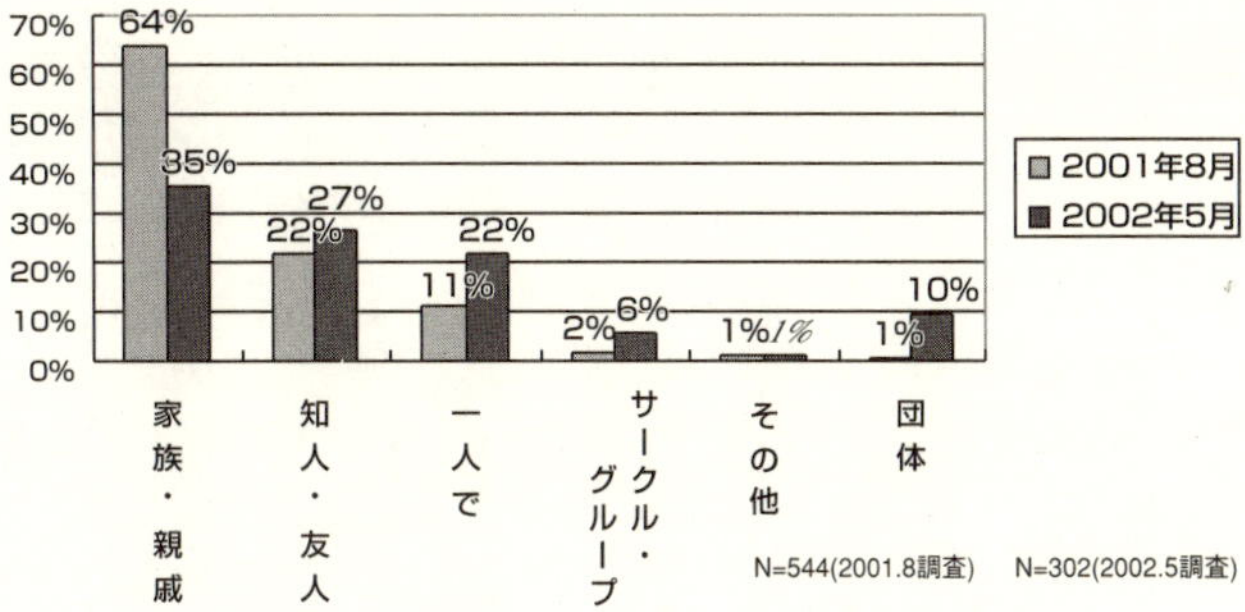

図4　各展示室の平均滞在時間

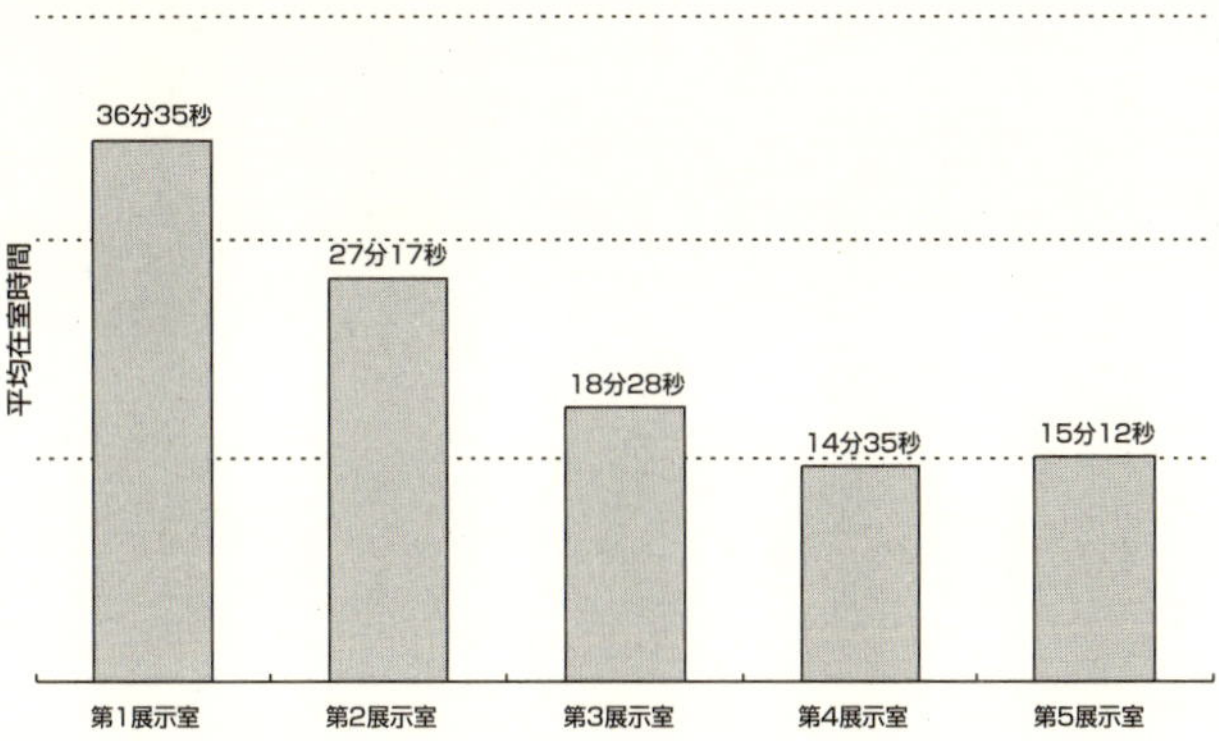

ものでした。それから、交通の便、歴博までの案内表示がわかりづらいというものです。ほかには、解説の問題ですが、説明がわかりづらいとか、音声ガイドや人による解説がほしいとか、キャプションが見えにくいなど、解説に関するものが、見学順路の次に改善の要望の強い項目となっています。五段階評価では満足度はそれほど低くなかったのですが、改善の要望としては多く挙がっていたのが特徴的です。質問のしかたによって回答の出方が変わってくる例としてもおもしろい結果でした。

次に、展示についての評価を見てみましょう。気に入った展示、おもしろかった展示を挙げてもらったところ、第一展示室（原始・古代）と第五展示室（近代）が非常に多くなっていて、展示担当者である久留島さんがいる前ではちょっと言いづらいですが、第三展示室（近世）が一番低いという結果が出ています。さらに年代別に見ると、ちょっとばらつきがありまして、一〇代以下と二〇代では、第一展示室を挙げた人が少ないのですが、五〇代、六〇代になると、非常に高くなっています。また一〇代以下から四〇代を通じて高い割合を示している第五展示室が、五〇代、六〇代では低くなっているのもおもしろい傾向だと思います。押しなべて人気が高い第五展示室というのは、歴博で一番新しくオープンした展示室（一九九五年三月開館）で、映画館など、街並みの環境を原寸で再現している展示があります。このように、年代によって展示室の好みが違うことがはっきりと現れていました。

図5　展示・施設等に対する満足度

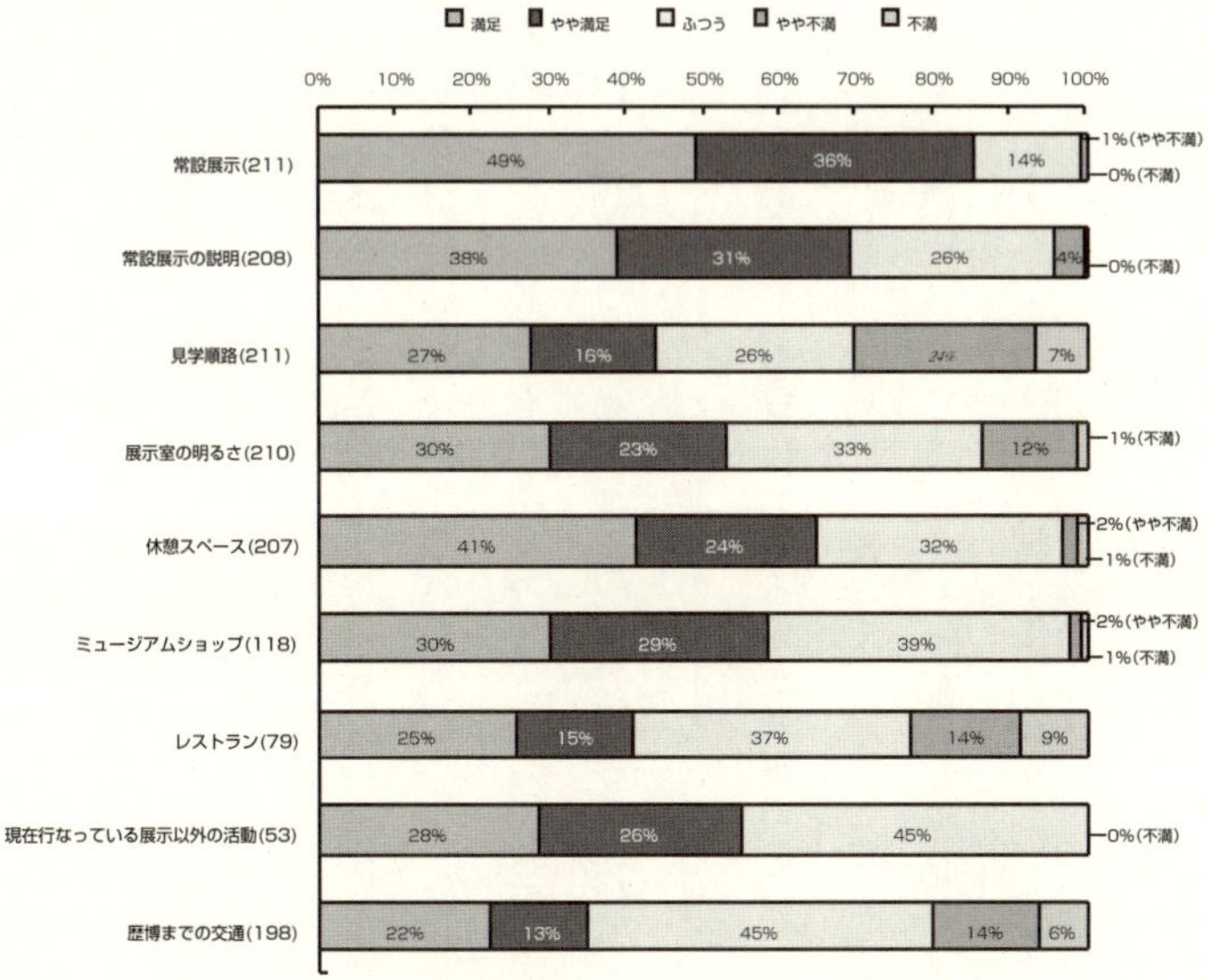

（　）は有効回答数

展示評価の結果から

次に、展示評価調査の結果について、いくつかご紹介したいと思います。第三展示室（近世）の主室について、小中学校の先生五三名の方に児童生徒に教える立場から評価をしてもらいました。非常によい（☼）、あまりよくない（☁）、よくない（☂）の三段階評価と、さらにコメントを書いてもらいました。その結果が図６です。一番評価の高かったのが、江戸橋広小路の模型（写真1）でした。上位四位を挙げていきますと、次に評価が高かったのは、北前船の展示（写真2）です。それから、旅籠の展示（写真3）、当館の目玉資料の一つでもある江戸図屏風と続きます。それから意外なことに、展示手法としてはオーソドックスなケース展示も上位を占めているものがありました。「道と旅」という展示コーナーにある「旅への誘い・道中」という展示です。旅の道中に持っていくいろいろな道具を展示しているのですが、こちらが五番目に入っています。一方、この中で一番評価の低かったのが、「支配のしくみ」という展示です。これは、米俵と義農の顕彰碑のミニチュアの模型、それから村方文書の資料が展示されています。この三つが並べてあるのですが、何を意味しているのかわからないという声が多くありました。展示に添えられた解説を読んでみますと、「大名の地位は、将軍家からの領地支配権の授与を要件としたが、その存続は領内支配の成否いかんによる点が大きかった。藩政の基本となった農政は、領内農民の経営を安定させ、より多くの年貢を取ることを目標とするのが通例であった。このため、村単位に有力農民を役人とし、その共同体的な性格に依拠して、勧農と年貢徴収とにつとめた。律気な百姓こそが模範的な農民とされた。」こういうふうに展示の解説がついています。ここにいらっしゃる方は歴史系の方が多いので、これで理解できるかもしれませんが、一般の人や、小中学生ではかなり難しいのではないでしょうか。

次に、紹介するのが、同じく第三展示室で行なった調査ですが、一般の来館者がどのように展示室を回っているのかを追跡調査したものです。[*3] ここでもいくつか明らかになったこと

＊3　竹内有理「展示室における観客の観覧行動と記憶および理解に関する研究―近世展示の展示評価結果から」『国立歴史民俗博物館研究報告一〇九集』国立歴史民俗博物館（二〇〇三年刊行予定）

図6　教師による評価

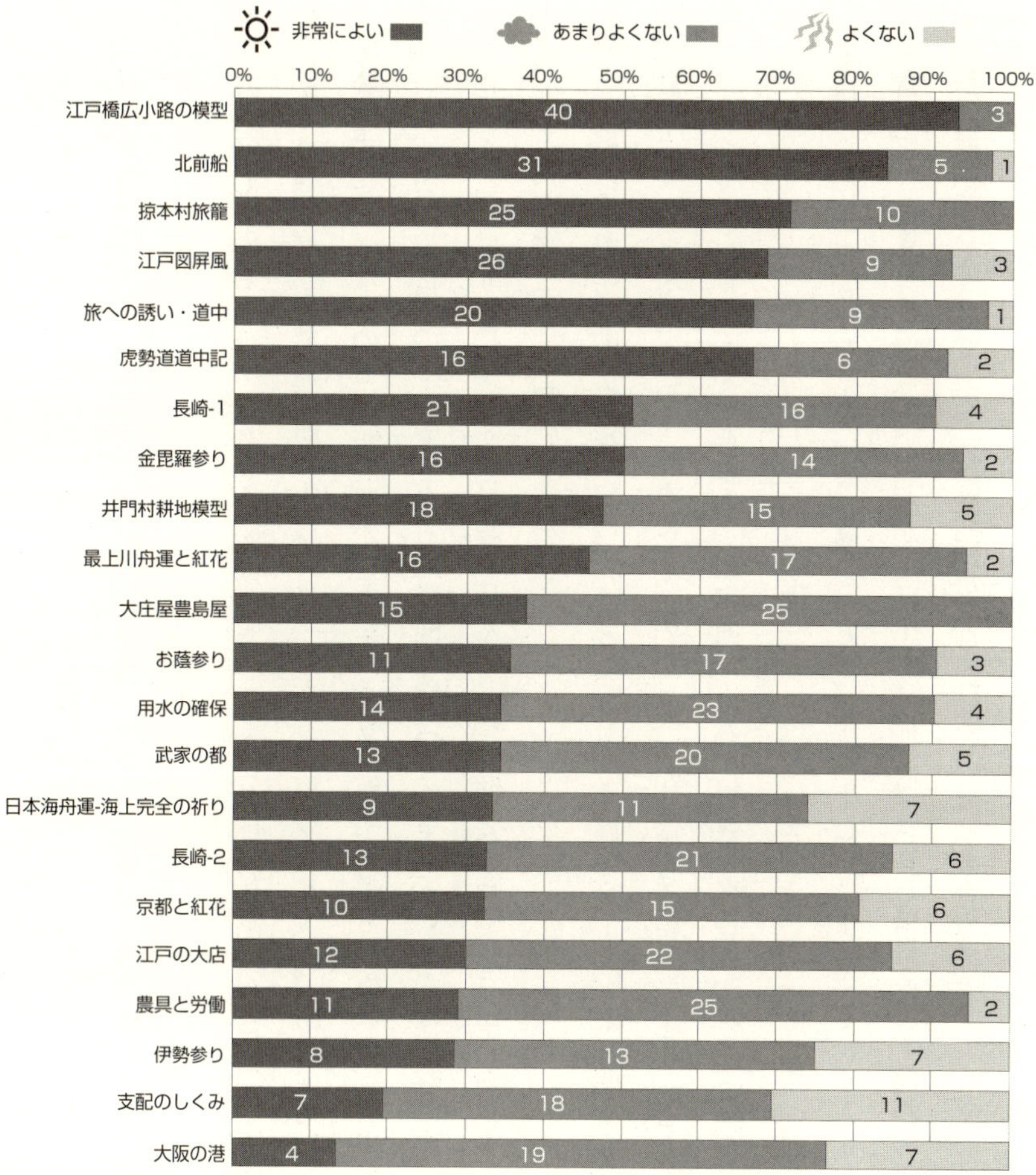
非常によい
あまりよくない
よくない
0%
10%
20%
30%
40%
50%
60%
70%
80%
90%
100%
江戸橋広小路の模型 40 3
北前船 31 5 1
掠本村旅籠 25 10
江戸図屏風 26 9 3
旅への誘い・道中 20 9 1
虎勢道道中記 16 6 2
長崎-1 21 16 4
金毘羅参り 16 14 2
井門村耕地模型 18 15 5
最上川舟運と紅花 16 17 2
大庄屋豊島屋 15 25
お蔭参り 11 17 3
用水の確保 14 23 4
武家の都 13 20 5
日本海舟運-海上完全の祈り 9 11 7
長崎-2 13 21 6
京都と紅花 10 15 6
江戸の大店 12 22 6
農具と労働 11 25 2
伊勢参り 8 13 7
支配のしくみ 7 18 11
大阪の港 4 19 7

（単位：人）

があります。まず、立ち止まった人の割合がとくに高かったもの（六八％以上のもの）を挙げると、井門村耕地模型（写真4）、江戸橋広小路模型、北前船、旅籠、覗きカラクリ（写真5）、阿波人形となっています。

これらに共通しているのは、どれも比較的大きい模型（井門村模型、江戸橋広小路模型、北前船）か原寸復元展示（旅籠、覗きカラクリ）であるということです。阿波人形は人形の頭だけを雛壇式に並べたもので、顔が浮かび上がるような照明効果も施された、演出型の展示です。一方、当館の目玉の一つでもある江戸図屏風（展示されているのは複製ですが）の前で立ち止まった人は非常に少なく、動線を見ると、この前を通路のように立ち止まらずに通りすぎている人が多いことがわかりました。

それから、展示室の後半部分を見ますと、「道と旅」という展示コーナーから始まるのですが、自由動線といいながら、ストーリーにしたがって展示が配置されています。「道と旅」のコーナーに入ってからまっすぐに進む人と左に曲がる人がほぼ半々に分かれることがわかりました。そして、まっすぐ行く人は、「庶民の旅」のコーナーはあまり通らず、左に曲がる人は、「最上川と紅花」の展示を見ない人が多いことがわかりました。まっすぐ行く人も左に曲がる人も含めて一番見られていない展示が、紅花が京都に運ばれ、染料として使われたことを示す小袖の展示でした。以上が、観覧動線から見た観客の展示の見方です。

次に、「中世寺院の姿とくらし」という企画展で、友の会の会員にモニターになってもらい

写真１　江戸橋広小路模型

写真２　北前船

写真３　椋本村旅籠

写真４　井門村耕地模型

写真５　覗きカラクリ

行なった調査があります。[*4]この企画展で企画者が重要と考えている資料を一五点選び、それぞれについて、展示を見たかどうかという「記憶」とどのように理解しているかという「理解度」を調べたわけです。全部で六〇人の方にモニターになってもらったのですが、二班に分かれてもらい、半分の三〇人の方はギャラリートークを聴く前にアンケートに答えてもらい、残りの半分の方はギャラリートークを聴いた後にアンケートに答えてもらいました。

いくつかわかったことを紹介しますと、全体的に「見た」と答えた人の割合は、やはりギャラリートークを聴いた人のほうが多くなっています。資料の形態別にみると、文書資料と絵画資料では違う結果が出ました。文書資料は、「見なかった」・「覚えていなかった」と答えている人が多かったのに対し、絵画資料はギャラリートークを聴いた聴かなかったにかかわらず、「見た」と答えた人が多かったのです。文書よりも視覚に訴える資料のほうが記憶に残りやすいということがいえるのではないかと思います。

さらに、見たか・見なかったかというだけでなく、当てはまるキーワードを選んでもらい、ギャラリートーク前とギャラリートーク後で正解率を比べてみました。資料によって、正解率に差があるものとないものがありました。たとえば「天与清啓」という雪舟を中国に連れて行った禅僧が書いた書ですが、この資料には一切説明がついていませんでした。その結果、ギャラリートークを聴いていない人では「わからない」という答えが多かったのに対し、ギ

＊4　この調査は学長プロジェクト「市民への研究成果公開におけるオーディエンスの理解と研究」（代表者安達文夫情報資料研究部教授）の一環として行なったものである。

ャラリートークを聴いた人は、正解率が高くなっています。

また、企画展全体の感想について、ギャラリートークを聴いた人と聴かなかった人で比べてみると、「大変良い」と答えた人の割合が一六％から三四％に大きく増えており、「大変良い」・「良い」を合わせると、ギャラリートークを聴いた人では九割を占めています。ギャラリートークが観客の満足度にいかに大きく影響するかがわかります。

最後に、子どもの視点からは歴博の展示はどのように見られているのかということについて、「れきはくをかこうよ」[*5]という事業を通して見えたことを少しご紹介します。第一展示室と第四展示室、つまり原始古代のところと民俗展示の展示室で、好きなものを選んでスケッチしてもらいました。子どもが描いた展示物を見ていくと、土器が一番多く、その次に土偶を描いた子どもが多くいました。第四展示室ではシーサーが一番多く、そのほかに、お面、藁でできた大きな人形、鹿島様などがありました。これらに共通しているのは、顔がある、人の形をしているということです。観客調査を最初から意図して行なったわけではありませんが、子どもが選んだ展示物を分析することによって、子どもの興味を引きやすいものがどういうものか傾向を知ることができ、結果としてこれも観客調査になっていました。

＊5　二〇〇一年度に初めて実施した事業。一日のプログラムで二日間実施し、約三〇名の小学生とその親が参加した。展示物をじっくり観察することで、その対象物に対する疑問や興味をもってもらうことをねらいとしている。

おわりに

そろそろまとめたいと思います。観客調査の結果からも、やはり大きいもの、視覚に訴えるものが観客にインパクトを与えやすいことがわかりました。そのなかでも原寸復元や環境再現の展示は特にインパクトがあるということです。しかし歴史展示の宿命として、歴史資料というのは、美術品と違って見かけは地味なものが多く、単体で鑑賞することを目的とはしていません。これをどう克服していったらよいのか。その改善策の一つは、展示内容に観客が自分との関係性や現代との関係性を見出せるようにすることだと思います。学校の先生たちの評価の中でも旅の道具の展示は、展示手法としては何の変哲もない従来型のケース展示ですが評価が高かったように、何かしらいまの生活とのつながりが見られる展示にしていくことが重要です。それからもう一つが、要望の中でも非常に多かった、解説の改善です。まず文章そのものをわかりやすくすることです。歴博では展示を担当した研究者が解説文を書いていますが、それを観客の目線に合わせてもう少しわかりやすくリライトすることも必要ではないかと思います。それから、人による解説も観客の理解を助けるうえで効果的な方法といえます。また、解説の一手段として模型を使うということも考えられます。実物の資料を並べただけでは語りきれないものを補足する、見えないものを形にするという説明の手段として、模型を使うということです。しかし、模型はあくまでも推定してつくったものなので、真実とは限りません。でも多くの観客はそれを事実として受け取ってしまうので危険もはらんでいます。どうしてそのように推定できたのか、そのこと自体を示していく、あるいは観客自身の想像を促すような余地を残しておくことが理想だと思います。

現在、民間企業や行政では顧客満足や市民参加というものが非常に強く言われていますが、博物館も例外ではなく、顧客満足や市民参加を考えることが時代の要請となっています。それを実現するには観客調査を通して観客と博物館との距離を縮めていく継続的な作業が必要になってきます。それが社会における博物館の認知度を高め、存在意義を認めてもらうことにもつながっていくのではないでしょうか。

どうもありがとうございました。

【引用・参考文献】

竹内　有理　二〇〇三　「展示室における観客の観覧行動と記憶および理解に関する研究―近世展示の展示評価結果から」『国立歴史民俗博物館研究報告一〇九集』国立歴史民俗博物館（刊行予定）

宮田　公佳・竹内　有理・安達　文夫　二〇〇三　「展示改善にむけた観客調査の設計と実施―見学順路と滞在時間から見た観覧行動の解析」『国立歴史民俗博物館研究報告第一〇八集』国立歴史民俗博物館（刊行予定）

報告Ⅵ

歴史教育と博物館

岩城　卓二

歴史学にとっての博物館

「歴史教育と博物館」というテーマで報告させていただきます。

さきほど、ご紹介いただきましたように、私は国立歴史民俗博物館（以下、「歴博」）に五年間勤務し、六年前に大阪教育大学に移りましたが、博物館問題に関わることには相当気が引けるところがあります。というのは、私自身が博物館在職中の五年間に何をしてきたのかと問われますと、博物館職員としては何もしなかったと自覚しているからです。博物館である大学共同利用機関ではなく、博物館と大学共同利用機関を切り離し、大学共同利用機関の職員として、共同研究に参画することや、自分の研究論文をまとめることに重点を置いていたといえます。もっともこれ自体も疑わしくはあるのですが。もちろん、博物館のことについて、真摯に考えている方もおられましたが、多くの同僚も、私と同じような考え方ではなかったかと思っています。

とくに私の場合は、歴博に就職したときには、担当すべき近世の常設展示はすでに完成しており、展示の構想や具体化には全く関わっていません。近現代の常設展示にはほんの少しばかり関わりましたが、お手伝いという程度にすぎません。月に一回程度、近世の展示替えをしたり、数回、企画展示に携わりましたが、博物館が社会で果たすべき役割について、真剣に考えたことはありませんでした。ましてや学校教育との関係など考えたこともありません。「来館者に展示の説明をすると歴史観の押しつけになる」、あるいは「学校教員の経験がない私たちが、小中高生に説明などできるはずもない」という同僚の言説を、違和感なく受け入れていました。また、佐倉市をはじめ千葉県内の市民向けに何か企画することも、「ここは国立の施設なのだから、特定の地域と関わる必要などない」という発言に賛同し、積極的な活動は何一つしませんでした。

博物館は、調査・研究、展示、教育活動を果たす施設だといわれています。博物館を離れたいま、私は、博物館とは、歴史学の良質な研究成果を伝達することを通じて、市民と対話する施設だと考えています。博物館職員時代の私は、調査・研究、とくに収蔵資料の整理はしました。これも重要な博物館の仕事で、いずれ展示に活用され、また研究の進展に寄与するでしょうが、市民と対話するという意識はありませんでした。展示は、研究成果を公開するという意識はありましたが、展示を通じて市民と対話するという発想はないに等しかったと思います。自分が担当した企画展示では、古文書であれば釈文や現代語訳を付し、依頼があれば解説もしましたが、それは展示をした者の責務というよりは、研究成果を少しでもわかりやすく理解してもらうためのサービスという意識でした。博物館職員として、研究成果を少しでも来館者に理解してもらう努力をすることは責務であるという実感を得ることなく、私は歴博を辞しました。

歴博を離れたいま、こうした言動の根底には、博物館職員であることにアイデンティティーをもたなかったというじつに深刻な問題が孕んでいると考えています。集中砲火を浴びることを覚悟で言いますと、当時の歴博には、私のように博物館職員であることにアイデンティティーをもたない同僚が見られたように思いますし、これは歴博だけに特有なことではなく、他の博物館職員にも結構見受けられたように思っています。歴博の場合、大学共同利用機関という側面をもち出すことで博物館職員としてのアイデンティティー欠如の正当化がはかられ、また博物館職員としての職務を果たさなくてもよいという「自由」も保障されていたことで、問題がよりはっきりと見えただけかもしれません。

これもほとんどの歴史研究者から批判を浴びせられそうですが、歴史研究者は博物館問題に冷たい。これが私の実感です。というより、歴史研究者は、博物館を訪れ、観覧することはあっても、じつは楽しみ方をよくわかっていないのではないかとさえ思います。これは大学に籍を置く研究者だけではなく、じつは博物館職員にも当てはまるのではないでしょうか。博物館問題の根は深いと思っています。そして、社交辞令ではなく、歴博には優れた研究成果を発表している研究者がたくさんおられます。しかし、このフォーラムにその人たちの姿がほとんど見られないことにも、歴博における博物館問題の深刻さが窺えます。

市民と対話する博物館

私は、歴史学とは、市民との不断の対話を通じてしか発展しないと考えています。博物館とは、その対話の場となる、歴史学にとって欠くことのできない重要な施設だと位置付けています。

博物館での研究成果の公開は、主には展示を通じてということになりますが、その際、最近ようやく広がりつつある観覧者への解説は不可欠です。解説を通じて対話することで、自分たちの良質な研究成果を市民に伝えることができますし、また何気ない質問から市民の歴史に対する関心を知ることにもなり、そのことを通じて社会の中での歴史研究の意義を常に考えることができるからです。研究者間では共有されている良質な知は、想像以上に市民には知られていません。とりわけ、歴史教育では活かされていないというのが私の実感です。良質な研究成果をもっと市民に伝える努力をしよう。私はいまそう考えています。

ところが良質な研究成果を生み出している研究者ほど、市民との対話には慎重で、消極的なのではないでしょうか。その一方で、たとえば「××学」、「リサイクル社会、江戸時代に学ぼう！」というような安直な書物は氾濫し、良質な、重厚な歴史学の成果は必ずしも市民に伝わっていません。歴史研究の成果をどう市民に伝達するのか。歴史学の成果とは、たとえば資料を観たらわかる、古文書を読めばすぐにわかるというものではありません。資料から何を読み取り、どういう歴史像を構成したのか、という知の営みが歴史学という学問です。それを楽しむことが、究極の博物館の観方でしょう。歴史像が構成される営みを展示するというのはじつに困難なことですが、歴史系博物館展示論があまり議論されてこなかったように、歴史学の研究成果の伝達については、叙述方法の議論が中心だったのではないでしょうか。もし、市民の活字離れが進行しているとしたならば、活字による叙述が伝達方法の中心である歴史学にとっては好ましい状況ではないでしょう。叙述以外の方法で、どう伝達するのか。私が感じる歴史研究者の博物館問題への冷たさには、歴史研究者が博物館における研究成果の伝達の難しさを認識していることも一因なのでしょう。

「わかる人がわかればよい」、「考える努力もしない観客を相手にする必要などない」、私もかつてはそう思っていたのですが、いまは良質な歴史研究の成果を市民に伝えたい、というより伝えなければいけない。そして、市民が歴史の何に関心をもち、どういう歴史観をもっているのか、知る必要がある。私はこうした意識がどんどん高まっています。それは教員養成学部に職場を移し、教員をめざす学生たち、現職教員、小中高の子どもたち、歴史教科書等々に接する機会が増えるにつれ、市民の歴史離れは加速度的に進んでいると考えるに至ったからです。

市民の歴史離れを解消するには、教員の社会科を教える力量の向上は不可欠です。教員養成に携わっていると、小中高校教員の教科を教える力量が著しく低下していることに大きな不安を感じざるを得ません。とりわけ小学校教員の社会科・歴史を教える力量は、いまの教員養成のあり方ではさらに低下していくでしょう。社会科の勉強は、算数・理科と違って勉強の成果が目に見えにくいのが特徴です。子どもたちも何がわかれば、学んだことになるのかはっきりしない勉強です。そのため、結局は覚えた知識量で、子どもたちの到達度が判断されてしまうという難点があります。国語も社会科と同じように到達点が見えにくいかもしれませんが、国語は、現実社会の中で直接役に立つことが子どもたちにも感じられます。社会科は現実社会の中で直接役に立つという側面が弱く感じられるのも、子どもたちの社会科嫌いと軽視に拍車をかけていると思います。子どもたちの社会科嫌いと軽視は、市民との不断の対話を必要とする歴史学の基盤を揺るがしかねないほど深刻な問題であることを歴史研究者は、もっと認識すべきです。

ゆえに、小中高教員の歴史を教える力量を向上させる必要があると思います。一部の教員の懸命な努力にも関わらず、社会科とは暗記すればよいだけの授業にすぎなくなっていることは紛れもない事実です。歴史教育は、良質な歴史学のおもしろさと、これこそが生きる力となることを子どもたちに教えてくれるという重要な役割を担っており、ゆえにその主役となる教員の資質について、歴史研究者はもっと関心をもつべきだと思います。暗記ものではない、歴史を学ぶことのおもしろさを子どもたちに実感させることができるには、教員の相当な力量が求められますが、歴史研究者は教科書の内容にばかり目が奪われすぎです。どんなに内容ある教科書が刊行されても、それを使いこなせるかは、教師の力量次第なのですから。私は、大学で歴史教育における博物館活用という授業を開講していますが、その目的は学生たちが教員になって博物館が使えるようにすることではありません。教員が授業で博物館を使いこなせるようになることが、教える力の向上につながると考えているからです。博物館活用の主役は教員であることに私がこだわるのもそのためです。

市民の歴史離れをくい止めるには、小中高教員養成について真剣な議論が必要であるということを声高に叫びたいのですが、この点について述べることは、別の機会に譲りたいと思います。

博学連携

市民と対話するという役割を博物館が積極的に果たすことも、市民の歴史離れを解消するには必要です。学校教育による博物館活用、いわゆる博学連携も、この市民と対話するという役割の中で位置付けることが必要でしょう。

近年、総合学習[*1]が始められたこともあって、学校教育における博物館活用は急速に広がっています。大阪でも、活発だという印象をもっています。しかし、活用の進展は、さまざまな問題点を顕わにし、博物館は教員に対して、教員は博物館に対して、不満をもつことも少な

＊1　「総合的な学習の時間」は、教科の枠組みをこえた横断的・総合的な課題などについて、自然体験や社会体験、観察・実験、見学・調査などの体験的な学習、問題解決的な学習を行なう。小・中学校では二〇〇二年度より、高等学校では二〇〇三年度より本格的に実施された。

くないようです。とても博学連携といえるレベルにはありません。

さまざまな問題があるようですが、その一つの要因として、博物館側の学校教育に対する理解不足、体制の不備があげられます。学校教育への対応という新たな課題によって、調査・研究・展示に手が回らなくなっているという悲鳴は、よく耳にします。ありきたりではありますが、ゆゆしき問題です。しかし、これまで博物館が学校教育と向き合うことを軽視してきたことも紛れもない事実です。自分たちの懸命の努力である展示を、少しでも多くの人たちに観てもらおうという努力が不足していたのではないでしょうか。子どもたちも大切な観客です。良質な研究成果を子どもたちに伝えることは、容易なことではありませんが、この努力は歴史学に関心をもつ市民層を広げるうえで不可欠だと思います。

一方、教員も博物館の観方を知らなさすぎます。ここ数年、大阪教育大学で、社会科を専攻する学生約七〇名に、「博物館に行ったことがありますか?」と問いかけています。毎年、ほぼ同じ結果です。一年間に博物館に行った回数は半分以上がゼロ、それに一回の人を合わせ七割程度の人は一回以下です。過去五年間について調査しても同じような結果で、何度も繰り返し訪れている学生は極めて希です。教科の専門性が求められない小学校の場合、現職教員もこの数値と大差ないと思っています。教員をめざす多くの学生たちにとって、博物館とは知らない、行かない施設なのです。

しかしより深刻なのは博物館の存在を知らない、行かないことよりも、行っても観方がわからないことでしょう。展示を観ても、次々と授業のアイデアが浮かんでこないのです。博物館に行っても知的好奇心を刺激されないのです。博物館にほとんど行った経験がない学生たちを博物館に連れて行き、博物館を活用した授業案を考えてもらう授業を大学で行なっていますが、学生の博物館での行動や提出された指導案を見ると、学生自身が博物館に興味をもてていないことがわかります。しかしその学生たちも歴史は好きな教科であることが多いのです。歴史が好きな学生ですら、歴史系博物館を楽しめない。博物館問題の深刻さは、ここにあると思います。

これだけたくさんの歴史系博物館が開館し、そのほとんどがじつに良質な展示をしながら、こういう結果になることを、私は残念だと思います。大学生が歴史系博物館を楽しめないところに、小中高における歴史教育の問題点も感じます。そして博物館を知らない、行かない、楽しめない学生たちがやがては教員として、博物館に子どもたちを連れてくるのです。教員が楽しくないのに、子どもたちが楽しいはずはありません。

博物館の市民と対話するという意識の希薄さ、博物館を使えない小中高教員と、博物館をめぐる諸問題からは、歴史学が取り組むべきさまざまな課題が見えてきます。なぜ博物館が学校教育に関わらなければいけないのかという博物館側の主体的な要請がない。あるいは博学連携によって、既存の学校教育の何が乗りこえられるのかという理論的検討がない、という意見を耳にします。私もそう思います。しかし、多くの博物館が建設後相当の年月を経ながら、今頃になってようやく、こうしたことが議論されるようになったこと自体が、歴史研究者にとっての博物館の位置付けを物語っているのではないでしょうか。そもそも歴史研究者にとってなぜ博物館は必要なのか。これを議論することは博物館職員だけの責任ではなく、一人でも多くの歴史研究者が議論に参加すべき課題だと思います。私は博物館問題には、歴史学の現在《いま》・未来《これから》が凝縮されており、それを解きほぐすことは、単に博物館だけの問題にとどまらない、これからの歴史学のあり方を考えることにつながる、と考えています。

えらく大層なことをまとまりもなく記すことに紙幅を費やしてしまいましたが、そう思っているだけで、いまの私には具体的な提言など何ひとつできません。しかし、それでは報告になりませんので、以下、大阪教育大学付属平野中学校での実践を通して、中学生が歴史系博物館の何に興味をもつのかについてお話しすることで、歴史教育と博物館について、なにがしかの提案ができればと思います。

夏の課題

大阪教育大学には大阪府内の池田、天王寺、平野に小中高が三つずつ、それに養護学校、幼稚園の合計一一の附属学校園があり、そのひとつに平野中学校があります。所在地は大阪市南部の平野区で、ここは近世史の研究者には木綿の集荷地としてよく知られた場所です。この平野中学校入学のためには受験が必要で、通学範囲は市内、府内がほとんどです。教育大学の付属学校はエリート教育を行なっているという批判をよく耳にします。当たっているとは思いませんが、高校・大学進学率だけをみると、高いレベルにあるといってよいでしょう。

この平野中学校の社会科教員が二〇〇二年度の一年生一二〇名に、夏季休暇中に博物館を見学し、自分が印象に残った展示を三つ採り上げ、それについていろいろ調べたレポートを作成してほしいという課題を出しました。何か特定の課題を設定したわけではありません。また、博物館に行って、こういうことを学ばせたいというしっかりとした学習目的を教員が設定していたわけでもありません。普段の教室での授業で実感できない歴史のおもしろさを伝えたいというのが課題の意図でした。対象とする博物館も、限定されていません。教員がいくつかの博物館の紹介はしましたが、日本中どこでも、また歴史系博物館でなくてもよいことにしました。学習目的がなく、「教育大の附属だからそんな曖昧な課題でも中学生はこなせたのだ」という批判はあるでしょう。私も、一人も欠けることなく期日に提出し、またこれから紹介しますように、中学生とは思えない力作に接すると、付属中学校生の高い力量に驚かされました。

じつはその教員は私のゼミの学生で、大学院の授業で、歴史教育における博物館活用について取り組んだ経験があります。博物館活用に当たっては、事前後学習に加えて、何よりも何を学ばしたいかという目的を教員がしっかりと設定することが必要なことも認識していたはずです。また、大学院の授業でこの学生が作成したワークシートは、興味の引かせ方や学ぶ目的がしっかりとした、なかなかの力作でした。しかし、とりあえず博物館に足を向けさせ、特定の課題に捉われることなく、教室での勉強とは違う何かを感じてほしいというのが、夏の課題の「目的」でした。

このラフな課題設定は、準備する十分な時間がとれなかったというのが正しい理由だったようではあるのですが、そのおかげで、中学生が歴史系博物館のどういう展示に興味を引かれたのかがよくわかる貴重なデータとなりました。

今日は、このうち大阪歴史博物館（以下、「歴史博物館」）と大阪市立住まいのミュージアム・大阪くらしの今昔館（以下、「住まいのミュージアム」）を選んだ中学生のレポートを採り上げたいと思います。

最初に、両博物館の概要を簡単に紹介しておきます。歴史博物館は一九六〇年に開館した大阪市立博物館の新館として、二〇〇一年一一月に開館しました。「都市おおさか」の歴史を中心に、大阪の歴史や文化を紹介する博物館で、原寸大の復元や模型、実物資料を使って、大阪の歴史や文化が展示されています。展示は、「難波宮の時代」・「大坂本願寺の時代」・「天下の台所時代」・「大大阪の時代」からなります。「難波宮の時代」のメインは、奈良時代の難波宮大極殿の原寸大復元展示です。直径七〇センチもある朱塗りの円柱が立ち並び、女官や侍従たちが整列し、宮廷の儀式の様子が知られます。「大坂本願寺の時代」・「天下の台所時代」

では、中世末の本願寺時代が、そして天下の台所として発展した近世大坂が、活気あふれる町人たちの暮らしを中心に展示されています。「大大阪の時代」では、大正末期から昭和初期の心斎橋筋、道頓堀などの町並み・店先が原寸大復元されています。

住まいのミュージアムは、二〇〇一年四月に開館しました。近世の大坂の町並みを原寸大復元展示し、近代以降の代表的な大阪の住宅地を主には模型で紹介する博物館です。展示は「なにわ町屋の歳時記」と「モダン大阪パノラマ遊覧」からなります。「なにわ町屋の歳時記」では、一八三〇年代の大坂の町が約一一〇〇平方メートルの空間に復元され、大通りの両側には、風呂屋・本屋・建具屋・小間物屋・唐物屋・呉服屋・合薬屋が並び、町会所や火の見櫓もあります。また、路地を入ると、裏長屋が復元されており、庶民の生活が知られます。「モダン大阪パノラマ遊覧」は、模型が中心ですが、近代以降の大阪の住宅地の変遷や、庶民の生活が知られる展示です。

両館は、二〇〇一年開館したという点や、大阪を都市という側面を中心に展示するという点で共通します。ともに、展示品は大きく原寸大復元・模型・実物資料の三つから構成されますが、歴史博物館は古代から近代までを扱い、原寸大復元・模型だけでなく、実物資料もふんだんに展示しているのに対して、住まいのミュージアムは、近世以降を対象とし、原寸大復元と模型がほぼ大半を占め、実物資料はほとんど見られません。

原寸大復元展示への関心

一二〇名のうち歴史博物館を選んだのが三三名、住まいのミュージアムが二七名でした。ちょうど半分の六〇名が両博物館を訪れたことになります。表1・2に、この中学生がレポートで採り上げたものをまとめました。歴史博物館三三名のうち三名は特別展を採り上げていたり、感想文のような内容だったので除外しました。レポート作成という課題をこなすための関心という点は考慮しなければならないでしょうが、この表を中心に、中学生が展示の何に興味を引かれたのかを読みとっていきたいと思います。

課題をこなすという目的をもって博物館を訪れた場合、とりわけ最初に目を奪われる展示に関心が集中するのは当然でしょう。歴史博物館の場合、導線上、大極殿の原寸大復元を最初に観覧するため、儀式に参加している侍従・女官も合わせると、直接・間接的に一〇名以上がここを採り上げています。復元されているのは大極殿のごく一部なのですが、原寸大であることによって大極殿の大きさを実感し、なかには天皇権力の強大さを読みとっている中学生もいました。また、自身が化粧に関心が芽生えている女子生徒にとって、女官の化粧は興味を引かれたようです。女官によって化粧の仕方が微妙に異なることを発見しています。ただ、それが本当に意味ある違いなのかという考察にまでは及ばず、発見にとどまっているのは残念なのですが、さらに男性である侍従との比較にまで発展したレポートもあります。

表1　大阪歴史博物館における中学生の関心

整理番号	古代							近世						近代			その他
	侍従女官	大極殿	縄文弥生土器	馬形埴輪舟形埴輪	朱雀門の柱穴	山根徳太郎	和同開珎	御影堂	三郷解説パネル	船場の町並み	食生活	貨幣	人形浄瑠璃	公衆電話	店先	住宅	
1						○						○					○
2																	○
3	○	○			○												
4	○							○	○		○						
5		○												○	○		
6														○	○		○
7													○				○
8			○	○					○	○							○
9			○		○	○	○										
10												○					○
11	○																
12	○	○												○		○	
13	○																
14				○			○										○
15	○																○
16				○							○	○					○
17				○													○
18																	○
19		○														○	
20				○													○
21				○				○									○
22				○									○	○			○
23				○												○	○
24				○							○	○					
25																	○
26																	○
27		○			○	○			○	○							○
28		○															○
29	○													○			○
30												○	○				
人数	7	6	2	9	2	3	2	2	3	2	3	5	3	5	2	3	20

原寸大復元展示への関心

表2　住まいのミュージアムにおける中学生の関心

整理番号	風呂屋	合薬屋	台　所	裏長屋	町会所	天神丸	造り物	トイレ	建物の工夫	近　代	その他	テーマ設定
31	○	○		○								
32												江戸時代の衣食住
33	○	○		○								
34	○			○		○			○			
35									○			
36												家の構造／道具／祭りの風景
37	○											
38	○	○	○									
39	○						○					台所道具
40	○		○			○						
41						○			○	○		
42		○		○			○			○		
43		○		○		○	○				稲荷	
44	○			○			○				食事	合薬屋と裏長屋のトイレ・風呂・造り物比較
45	○			○			○					
46				○	○	○						家・店の外と内
47	○		○	○	○		○					
48	○					○	○					
49	○					○	○					
50	○		○								裁縫道具	
51		○	○					○				
52						○	○				エレキテル	
53						○	○			○		
54	○			○							箱階段	
55	○			○	○							
56												江戸時代と現在のトイレ・台所道具比較
57											博物館全体の説明	
人数	15	6	5	11	3	9	10	1	3	3		

このとき博物館関係者か教員がちょっとしたヒントを与えれば、さらに踏み込んだ資料の観察ができたのではないでしょうか。関心をもった人数の多い、少ないよりも、大極殿・侍従・女官については、他との比較へと発展したり、深い資料の観察に及んでいるなどの点で、充実したレポートなっていることが特筆されます。

大極殿は導線の最初に位置しましたが、それが原寸大復元展示であったことに、関心が向けられた大きな理由があることは、多くの中学生が近代展示を採り上げていることから知られます。歴史博物館には申し訳ないのですが、私の周りでは、近代展示への評価はあまり高くありません。しかし、中学生にとっては、興味が引かれる展示だったようです。とくに公衆電話ボックスへの関心の高さには、正直驚かされました。私は、全く興味をもたなかったのですが、中学生たちは、現在自分たちが眼にする電話ボックスとの違いに大層関心を刺激されたようです。採り上げたのは五名ですが、ボックスの色、外部の構造、電話が設置される高さ等々、かなり細かく観察しています。女官の場合と同じく、現在との比較が、観察の中心であり、そこに興味が引かれた理由もあるのでしょう。また、魚屋・八百屋といった店先、住居内の家具・日常生活品にも目が向けられていますが、やはり自分たちが生きている現在との比較が関心の中心です。

ところが、同じ原寸大復元であっても、近代の芝居小屋（写真1）は一人も採り上げていません。中学生から聞き取りをしないといけませんが、観劇の経験などほとんどない中学生にと

写真1　大阪歴史博物館　近代芝居小屋

っても、すぐには関心はもてないのではないでしょうか。大極殿・女官・侍従・公衆電話ボックス・店先・住居と比較すると、現在との比較ができないことも、芝居小屋への関心が弱い理由だと思われます。また、関係者には失礼な物言いとなりますが、入り口しか観ることができない中途半端さも、中学生の興味を引かない理由でしょう。観せる方法を工夫しなければ、芝居小屋復元は、素通りされてしまうと思います。

　中学生が原寸大復元に強い関心をもつことは、住まいのミュージアムからも知られます。住まいのミュージアムは、近世大坂の町並みが、ごく一部とはいうものの、じつに忠実に復元されています。家の配置も根拠となる図面がありますし、店先も綿密に考証されて、建物は当時の建築技法によって復元されています。まさに徹底したという点で、先行する同種の博物館よりも、展示として優れているといえます。

ここでもやはり導線の最初に位置する風呂屋への関心が高いですが、最初であること以上に、自分たちが知っている風呂屋と、似ているようで違うところに興味を示しています。入浴料・脱衣場・洗い場・奇妙な入り口をした浴槽等々、中学生の関心を引く要因が次々とあったようです。また、町屋の内部、とりわけ裏長屋にはたいそう関心を示しています。毎年五月から八月は、大坂の夏の風物詩である天神祭りのときの町屋の光景を展示しているため、趣向を凝らした造り物、とりわけひときわ大きい天神丸にも関心が向いています。ただ、風呂屋よりも最初に眼にするはずの木戸門は、誰も採り上げていません。これは大学生も同じで、じつは木戸門の存在にすら気付かない場合も結構あるのです。開門しているとはいうものの、原寸大ですから、相当大きなものです。木戸門は、近世の町を考えるうえで重要なものので、夜間出入り口が設けられるなどの工夫もみられます。近世の大坂の町を考える導入展示としての活かし方を考えたほうがよいのではないでしょうか。

住まいのミュージアムを採り上げたレポートで特筆すべきは、関心からさらに一歩進んで、自らテーマを設定し、資料の観察をし、レポートを作成していることです。たとえば、「江戸時代の衣食住」、「台所用品のいまとむかし」、「江戸時代のトイレの話」等です。これらは博物館側が設定した展示テーマではなく、中学生自らがテーマを設定し、レポートを作成しているのです。こうしたレポートは歴史博物館をはじめ他館ではほとんど見られません。住まいのミュージアムに大学生を連れて行くと、他館では駆け足でざっとしか観ないことが多いのですが、授業の課題としての来館という条件はあるにせよ、じつに長時間、動き回っています。そして他館ではあまり見られない学生同士での疑問のぶつけ合いがあるのも、住まいのミュージアムの特徴ですが、レポートの充実ぶりをみると、おそらく中学生も同じだったのではないでしょうか。滞在時間を調査すべきだったと後悔しています。

そこに生きていた人間が見えない展示。一回は楽しめるが、観客が繰り返し来館するのか。また大きな展示替えができないという博物館の是非等々、住まいのミュージアムにもいろいろな問題点を感じます。しかし、住まいのミュージアムのレポートは力作揃いでした。他館では、どういう展示があったのかという説明に終わっている場合が多いのですが、たとえば「トイレにトイレットペーパーがなかったけど、便をすましたあとはどうやってふいていたのかな?」（写真2）というように、展示の観察を通して、さまざまな「なぜ」が生まれているのが特筆されます。言葉の用法を間違っていますが、

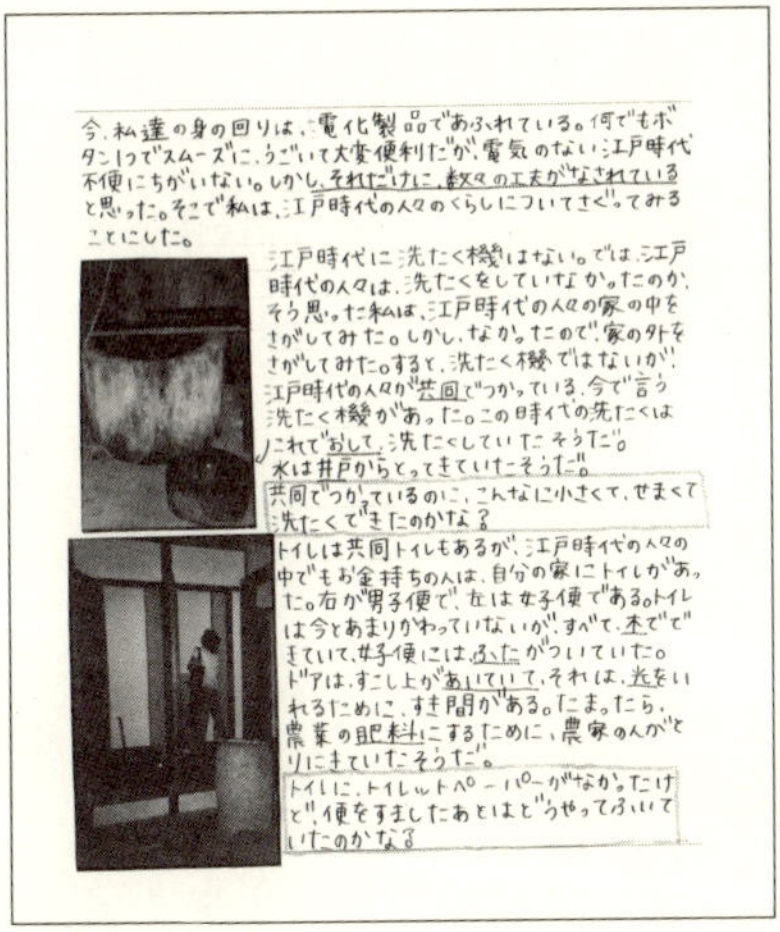

写真2

「商人のトイレ」（富裕な合薬屋）と「町人のトイレ」（裏長屋）を比較し、それぞれの特徴を見出したり（写真3）、住の違いに触発されて、復元展示からは直接わからない衣食にまで及んで現在と比較しています（写真4）。また江戸と大坂という地域比較もみられました（写真5）。

たとえば、江戸と大坂の比較という視点は、展示室入室直前のパネルを見れば、考えつくでしょう。また、解説シートをじっくり読めば、気が付くかもしれません。現代の衣との比較などは、書籍からの情報をまとめたものです。しかし、その場合であっても、「読む」こと、あるいは書籍を調べることから始まったのではなく、視覚から入り、そこで強い興味を引かれ、「読む」・「調べる」へと発展していることは、聞き取り調査はしていませんが、疑いないと思います。子ども向け、あるいは一般来館者向けに解説パネルを充実するべきだという意見を、私は耳にしたことがありますが、この中学生の関心の展開からすると、読まなければならない解説文の充実はあまり効果はなさそうです。また、後で触れますが、視覚から入るとはいっても、映像解説も、たぶん作成のための労力ほどの効果はないと思います。まず、視覚に強いインパクトを感じることが必要なようです。

また、原寸大復元、とりわけそれが現在の自分たちの生活との接点があった場合、中学生が強い関心を引かれたこともわかりました。

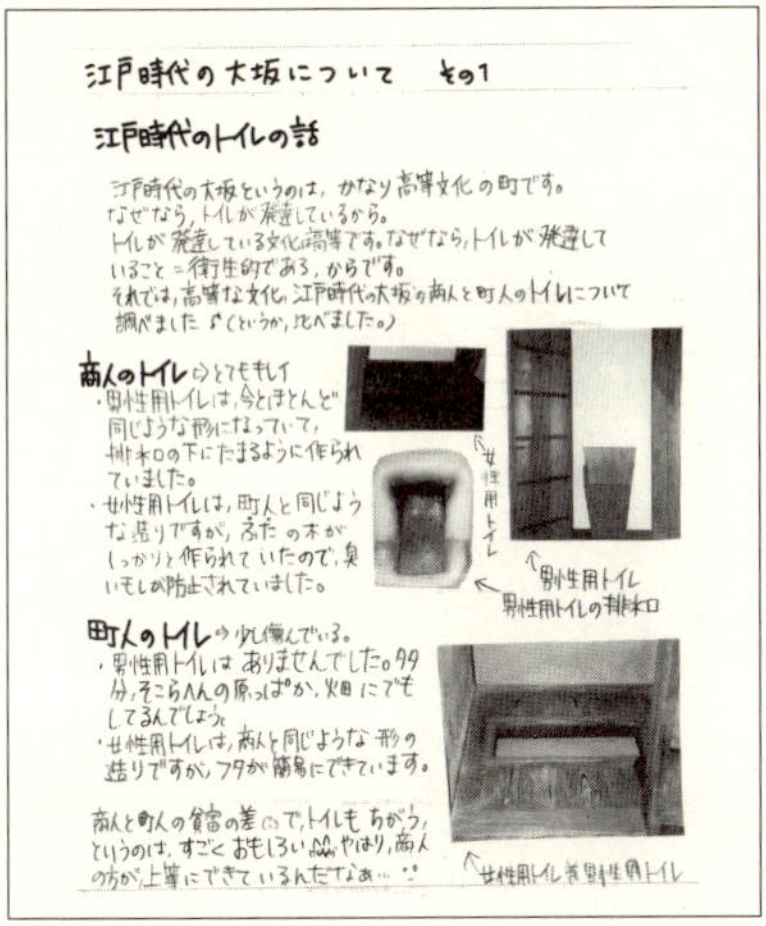
江戸時代の大坂について その1
江戸時代のトイレの話
江戸時代の大坂というのは、かなり高等文化の町です。
なぜなら、トイレが発達しているから。
トイレが発達している文化は高等です。なぜなら、トイレが発達していることは＝衛生的である、からです。
それでは、高等な文化、江戸時代の大坂の商人と町人のトイレについて調べました♪（というか、比べました。）
商人のトイレ→とてもキレイ
・男性用トイレは、今とほとんど同じような形になっていて、排水口の下にたまるように作られていました。
・女性用トイレは、町人と同じような造りですが、ふたの木がしっかりと作られていたので、臭いもしっかり防止されていました。
女性用トイレ
男性用トイレ
男性用トイレの排水口
町人のトイレ→少し傷んでいる。
・男性用トイレはありませんでした。多分、そこらへんの原っぱか、畑にでもしてるんでしょう。
・女性用トイレは、商人と同じような形の造りですが、フタが簡易にできています。
商人と町人の貧富の差ので、トイレもちがう、というのは、すごくおもしろい。やはり、商人の方が上等にできているんだなぁ…
女性用トイレ兼男性用トイレ

写真 3

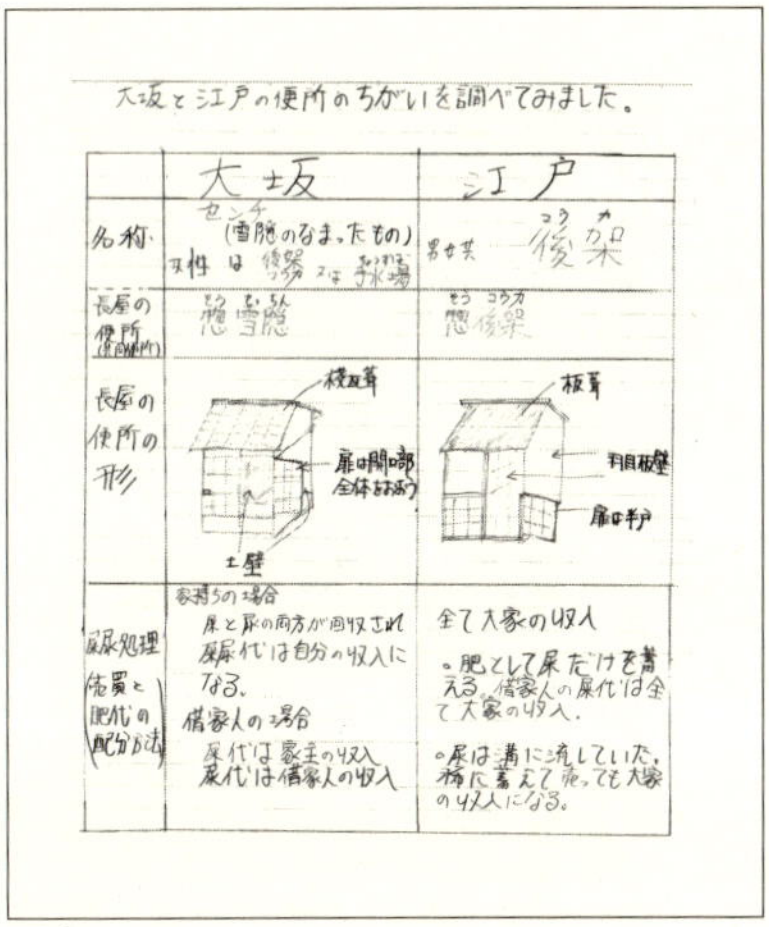
大坂と江戸の便所のちがいを調べてみました。
大坂
江戸
名称
センチ（雪隠のなまったもの）
女性は 後架 又は 手水場
男女共 後架
長屋の便所
惣雪隠
惣後架
長屋の便所の形
桟瓦葺
扉は開口部全体をおおう
土壁
板葺
羽目板壁
扉は半戸
屎尿処理 売買と肥代の配分方法
家持ちの場合
屎と尿の両方が回収され屎尿代は自分の収入になる。
借家人の場合
屎代は家主の収入
尿代は借家人の収入
全て大家の収入
。肥として屎だけを蓄える。借家人の屎代は全て大家の収入。
。尿は溝に流していた。桶に蓄えて売っても大家の収入になる。

写真 5

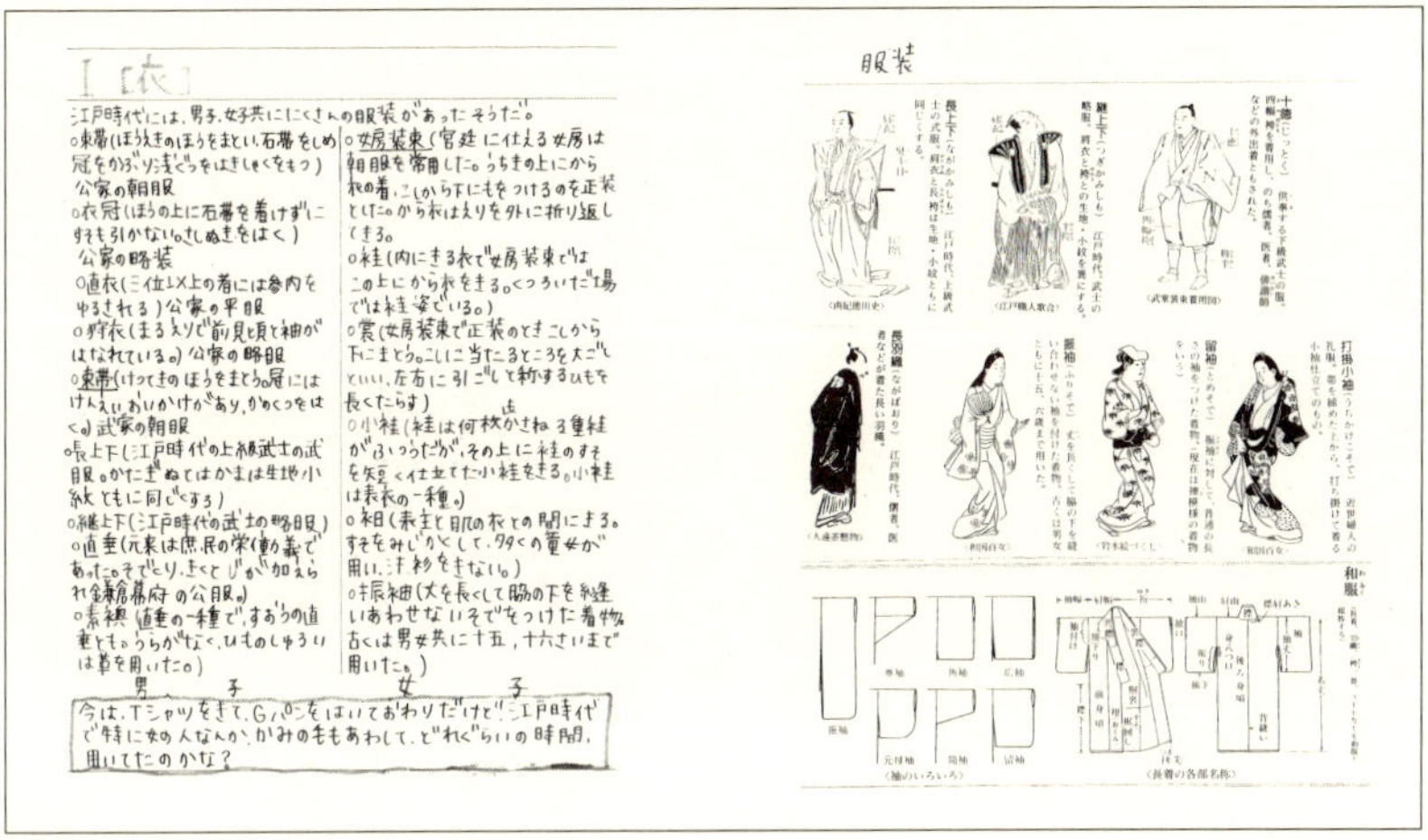
Ⅰ［衣］
江戸時代には、男子、女子共にたくさんの服装があったそうだ。
○束帯（ほうえきのほうをまとい、石帯をしめ冠をかぶり、浅ぐつをはきしゃくをもつ）公家の朝服
○衣冠（ほうの上に石帯を着けずにすそも引かない。さしぬきをはく）公家の略装
○直衣（三位以上の者には参内をゆるされる）公家の平服
○狩衣（まるえりで前見頃と袖がはなれている。）公家の略服
○束帯（けってきのほうをまとう。冠にはけんえい、おいかけがあり、かのくつをはく。）武家の朝服
○長上下（江戸時代の上級武士の武服。かたぎぬとはかまは生地小紋ともに同じくする）
○継上下（江戸時代の武士の略服）
○直垂（元来は庶民の労働着であった。そでとり、まくとじが加えられ鎌倉幕府の公服。）
○素襖（直垂の一種で、すおうの直垂とも。うらがなく、ひものしゅるいは革を用いた。）
○女房装束（宮廷に仕える女房は朝服を常用した。うちきの上にから衣の着、こしから下にもをつけるのを正装とした。から衣はえりを外に折り返してきる。）
○袿（内にきる衣で女房装束ではこの上にから衣をきる。くつろいだ場では袿姿でいる。）
○裳（女房装束で正装のときこしから下にまとう。こしに当たるところを大ごしといい、左右に引ごしと称するひもを長くたらす）
○小袿（袿は何枚かさねる重袿がふつうだが、その上に袿のすそを短く仕立てた小袿をきる。小袿は表衣の一種。）
○袙（表衣と肌の衣との間にきる。すそをみじかくして、多くの童女が用い、汗衫をきない。）
○振袖（丈を長くして脇の下を縫いあわせないそでをつけた着物。古くは男女共に十五、十六さいまで用いた。）
男子
女子
今は、Tシャツをきて、Gパンをはいておわりだけど、江戸時代で特に女の人なんか、かみの毛もあわして、どれぐらいの時間、用いてたのかな？
服装

写真 4

模型展示と実物資料展示への関心

一方、模型展示への関心が低いことは、私にとって意外でした。

歴史博物館には、本願寺御景堂・広島藩蔵屋敷・船場の町並み・住友銅吹所・道頓堀芝居小屋といった復元模型展示があります。原寸大ではありませんが、精巧な復元で研究者の間では評価が高いものが多いです。船場の町並み模型などは、解説も充実しており、歴史博物館が力を入れた展示であることが窺えます。私などは何度行っても食い入るように見ています。しかし、中学生の関心を引く展示ではなかったようです。御景堂二名、船場の町並み二名、蔵屋敷一名で、銅吹所と芝居小屋は誰も採り上げていません。そして、採り上げている場合も、住まいのミュージアムでみられたような展示品の詳しい観察はみられず、また「なぜ」という疑問が生じることもなく、解説パネルをまとめるだけにとどまっています。

同じく、住まいのミュージアムでも、近世の町屋復元に圧倒されたこともあるでしょうが、模型展示が中心となる近代への関心はたいへん弱かったことがわかります。

歴史博物館には、多くの実物品が展示されています。複製品だとわかると観客は途端に興味が薄れるという話を聞いたことがありますが、大学生と観ていると、そもそも複製品であることに気がついていません。感心して見ている大学生に、複製品だと教えると、「なあんだ」と言いますが、どうやら観客は複製品であることに気が付かないことも多そうです。こうした複製品も一部含まれますが、実物資料に対する中学生の関心をお話しします。

中学生の場合、実物資料がどんな秀品であっても、教科書レベルに掲載されるようなものでなければ関心を示していません。歴史博物館では、縄文・弥生式土器、和同開珎、馬形埴輪、舟形埴輪が採り上げられています。馬形埴輪と舟形埴輪は、大きさが目を引いたようで、同じく、朱雀門の柱穴のようなインパクトのあるものに関心が集中しています。「天下の台所時代」には、近世の人々が犬を食べていたことがわかる展示がありますが、これなどは教科書では知り得ないうえに、食生活という身近さが関心を引いたことがレポートから知られます。

歴史研究者は、複製品よりも現物品が展示されることに意義を求める場合があります。また、模型の場合は、その作成根拠を示すように求めます。歴史博物館でも、作成根拠を示し、解説パネルを充実させ、丁寧な映像も流しています。解説パネルと映像を見れば、船場の町並み模型などは、どこを観ればよいかが知られ、楽しみも倍増します。研究者には有難いことですし、歴史に高い関心をもつ観客にとっても、有意義なものになっているでしょう。仮にほとんど見向きされていないとしても、こうした博物館の姿勢は必要です。しかし、中学生にとって、こうした博物館の努力は、必ずしも有意義なものになっていないことが、今回のレポートから知られます。蔵屋敷などは、平野中学校で使用される教科書にも登場しますし、受験勉強を経験しているため、ほとんどの中学生が知識として持ち合わせていると思います。しかし、知っているだけでは、興味が引かれないのです。レポートを読むと、和同開珎の場合は、古いことが貴重だという意識につながり、関心を引いたようです。この関心の発生からすると、古くはない近世の蔵屋敷は、貴重だという意識が発生しにくいうえに、模型だと一目でわかってしまうところにも、興味がわかない理由があったようです。観客にとって、原寸大復元と、縮小された模型とでは、ぜんぜん印象が違うのでしょう。

年貢米が集められる場所という蔵屋敷のあり方が、模型からは視覚的に知られますし、住友銅吹所も、大坂の市中で銅精錬が行なわれ、それが貿易品であったというじつに興味深い事実が知られます。しかし、大学生を観ていても、こうした模型はさっと観るだけの素通りであることが多いです。私が、銅精錬が行なわれていたことの意味を少し解説すると、大学生は、なるほどという顔をし、いろいろな質問をしてくる場合が少なくありません。その模型が意味あるものだと観客が理解するには、一定の知識が必要なのでしょう。

どんなに精巧な模型で、観察をすれば次々と興味がわく場合でも、そのためには観客にちょっとした刺激が必要なのではないでしょうか。まず、関心をもたなければ、どんなに精巧な模型も、丁寧な解説パネルも、映像も有効なものにはなりません。観客には、いろいろな人たちがいる。この当たり前のことをややもすれば博物館は忘れ、研究者の視点から展示を捉えすぎていたのではないでしょうか。もちろん、研究者と同じような地平で展示を観る観客もいるでしょうが、大多数の観客はそうではないのです。「わかる人がわかればよい」、「考える努力もしない観客を相手にする必要などない」という態度は、観客にあまりにも高度な要求をしているのではないでしょうか。しかし、ちょっとした刺激で、歴史の面白さを理解し、資料をじっくり観察することを楽しいと感じることができるいわば歴史を学ぶ入り口に立っている観客は、少なくないと、私は思っています。歴史に関心をもつ市民を増やし、対話するチャンスをみすみす逃しているというのは言い過ぎでしょうか。

日常生活への関心

先ほど、原寸大復元は、中学生の強い関心を引くが、それだけでは不十分で、現在の自分たちの日常生活との関連性が見えたとき、じっくり観察し、自分でテーマを設定する場合が多いことに触れました。女子学生が、大極殿の女官の化粧に関心を示し、丁寧に観察していることはその一例でしょう。

資料を観察し、そこから「なぜ」という疑問が発生しているのは、歴史博物館では、犬の食用が知られる近世の食生活であり、また、現在のお金と比較が可能であった貨幣の展示でした。これも失礼な言い方ですが、貨幣の展示自体は、それほど珍しいものではないし、とくに学芸員が趣向を凝らしているというわけでもありません。また、中学生が関心を示した近代の公衆電話、店先、住宅は、研究者の間ではあまりよい評判を聞いたことがない展示でした。しかし、中学生にとっては、政治経済や人形浄瑠璃といった観劇したこともほとんどない文化の展示よりも、身近な、普段の自分たちの生活から理解できる展示のほうが興味を引かれるのです。先ほどからたびたび紹介していますように、住まいのミュージアムのレポートに力作が多いのも、自分たちの日常生活での経験から理解できるからでしょう。

中学生が現在生きている社会で実感できることから歴史への関心が広がること自体は、否定すべきものではない、と私は思います。むしろ歴史への関心の発生としては大事にすべきではないでしょうか。もちろん中学生も、適切な解説さえあれば、蔵屋敷や銅吹所にも関心を引かれると思います。しかし、そうした展示を観て、自分の力だけで、歴史への関心が広がることを期待することは、観客の視点に立っていないのではないかと思うのです。きっかけを与え、展示を楽しむ視点を示すことは、展示をしたものの責務なのではないでしょうか。

大学生に聞くと、小学校から高校まで、同じことを繰り返し、繰り返し学ぶ、現在の歴史教育のスタイルも、歴史嫌いを引き起こす要因のように感じられます。子どもたちの発達段階に応じて、繰り返し学ぶことが重要だというのは、研究者の立場であって、小中校生の意識と乖離しているのではないでしょうか。また、政治経済を中心とするいわゆる通史的な教科書の叙述も歴史への関心を失わせていることは、今回の中学生のレポートからも知られます。私は、歴史教育の場で、政治経済史よりも生活史が大切だなどと言うつもりはありません。生活史への強い関心を利用しながら政治経済史へ、そしてそれぞれの時代の全体像に迫れるような工夫をすればよいのではないかと思うのです。具体的提言をすることはできませんが、既存の政治経済史中心の通史というスタイルで教科書が叙述されていることに、子どもたちは拒否反応を示しているように思えるのです。小中高生の歴史嫌いには、教員の教える力量に加えて、歴史教科書や歴史教育のあり方が背景にあるのではないでしょうか。こういうことを言うと迎合的だと批判されるでしょうが、小中高生の問題関心にも目を向けながら歴史教育のあり方を考える必要があると思います。

これが、中学生のレポートから私が感じ取った歴史教育の課題です。

展示資料の観察

歴史博物館の解説パネルはたいへん丁寧で、さまざまな情報が引き出せる機器が展示室のあちらこちらに設けられています。住まいのミュージアムでも、観客は展示室内で数枚の解説シートを手に入れることができます。観客に展示を伝えようとする両博物館の努力が窺えます。

しかし、こうした方法は、今回の夏の課題をこなすには、逆効果でした。課題をこなすという制約をもった中学生は、自らの関心をそうした解説に規定されているからです（写真6）。丁寧であればあるほど、また解説シートとしてもち帰りができると、自分で資料を観察するという行為は吹っ飛んでいます（写真７）。解説から得た情報に関心を規定され、それをまとめることで終わってしまっているのです。とくに附属中学生のように受験慣れしている場合、文章をまとめることは得意なのでしょう。解説パネル・シートは格好のネタとなっています。

すでに資料を観察する眼を備えている観客にとって、充実したパネルやシートは、さらなる思考の展開を促すという点で有効でしょうが、まだそうした力に欠ける中学生にとって、それらはむしろ博物館の楽しさを半減させたようです。説明ではなく、資料を観察するためにどこに目を付けるべきか。そういうきっかけと視点を与えるような解説も必要なのではないでしょうか。

わずか五名でしたが、資料を丁寧にスケッチしていました。さらにうち三名は彩色していました。観察してからスケッチしたのか、スケッチを通して観察したのかはわかりませんが、彩色した場合、たとえば土器の底部が黒いことに気が付き、その理由を考えています。スケッチが資料観察に大きな効果があることは、外国の博物館ではよく知られたことのようです。このことを小中高の教員に話しますと、最近の中学生・高校生が博物館に行ってスケッチさせることはどするはずがないと一笑に付されたことがあります。実際に中学生にスケッチさせることは難しいのでしょうが、観察に有用な方法であることは今回のレポートからも窺えました。

住まいのミュージアムが中学生の知的好奇心を強く刺激したことは、これまで再三触れてきました。しかし、住まいのミュージアムが意図する町屋にみられる生活の知恵・工夫につ

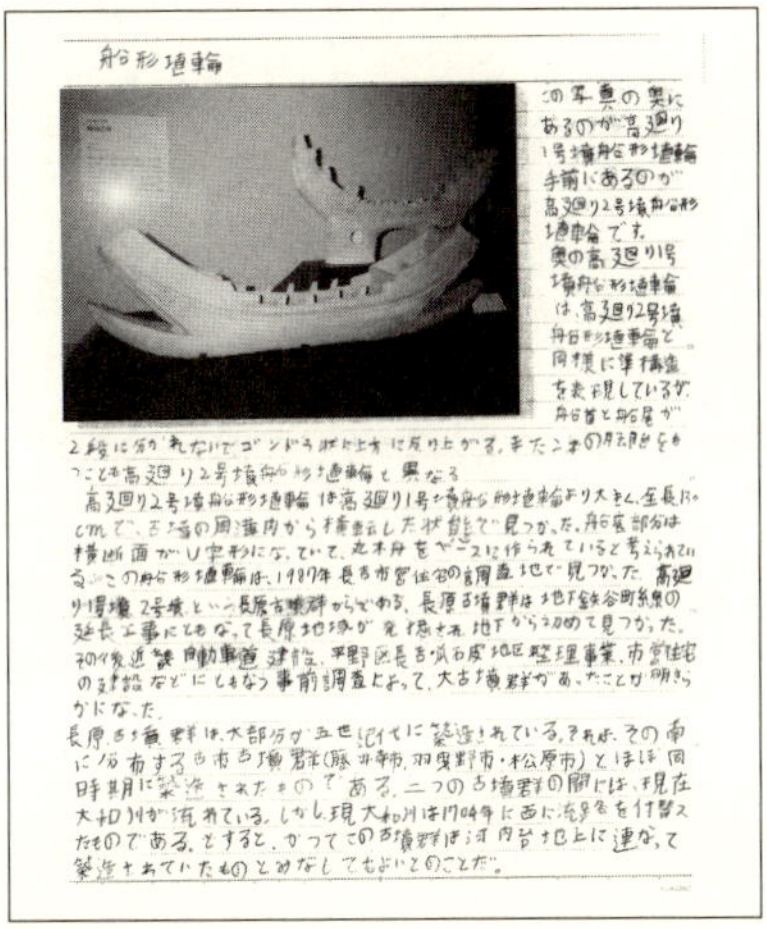

写真 6

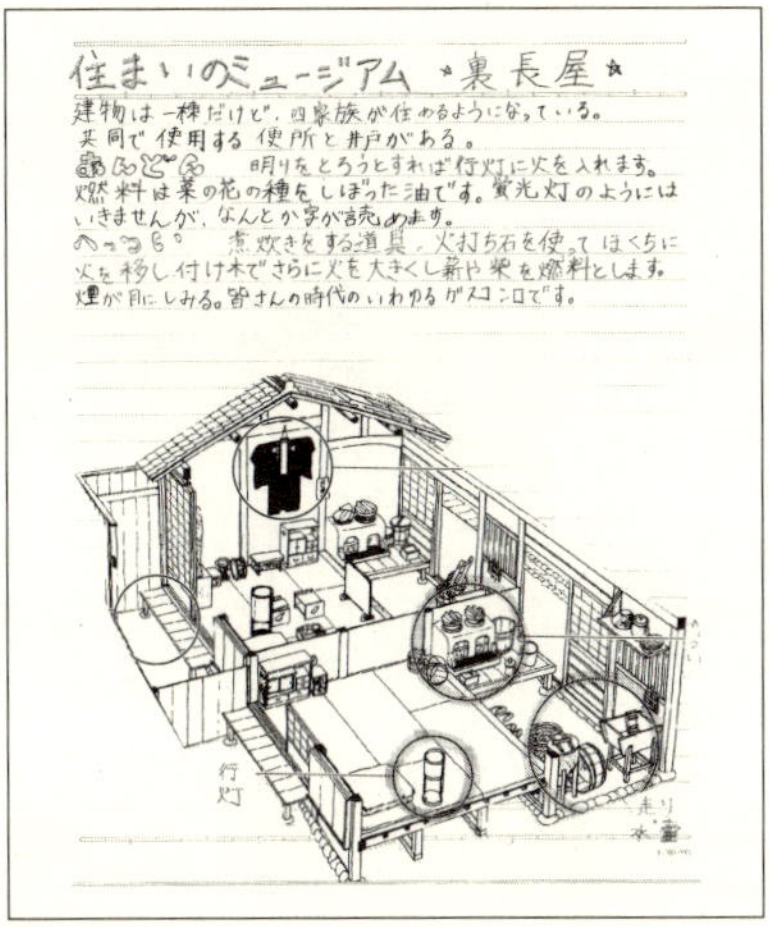

写真 7

いては、中学生は知らないままで終わった場合が多いようです。扉の開閉の仕方、雨樋、火災防止のための隣家との境界の工夫等々、町屋からはさまざまな生活の知恵が知られます。これまで私が来館した際には、幸い解説員がおり、丁寧な解説があったため、こうした知恵や工夫を知ることができましたが、これがないと折角の展示の意図が伝わらないということになります。中学生に声をかけ、解説することは容易ではありません。中学生も、見ず知らずの人、とくに大人から話しかけられ、そこから対話へと発展させることに慣れていません。中学生をはじめ子どもへの解説は、もっとも難題だと思います。一定の訓練を経た解説員でなければ、子ども向けの解説は無理があるのではないでしょうか。

博物館の解説として、図録があります。私

のゼミの学生は、博物館図録とは歴史教育のための教材の宝庫であること、また歴史教育における博物館活用について、しばしば話をすることもあってか、最近は購入するようになりましたが、図録を購入する大学生はかなり少数派であると思われます。中学生が、図録を購入したのか調査はしていませんが、おそらく少数だと思います。図録を手に展示を観るなどというのは、歴史研究者の発想であって、そもそも、博物館でそういう光景を眼にしたことはほとんどありません。住まいのミュージアムで丁寧な解説をうけると、数人ですが大学生も図録を購入します。つまり興味をもったから図録を購入するのであって、展示を観るための必要品として図録を購入するわけではないのです。ゆえに私は、歴史博物館の手もちサイズの常設展示図録には、批判的です。図録は、展示を伝えるためのひとつの手段です、図録はどういう観客が購入し、どのようなレベルの解説が必要なのか。また、よくあるように展示品の写真が相当に小さいことは、資料を観察するという図録の役割を果たすのか等々、展示を伝達する方法としての図録の位置付けについても議論が必要だと思います。

最後は、中学生のレポートとは関係ないことですが、思うところを述べさせていただきました。

歴史系博物館の課題

なんとも、まとまりのない、当たり前のことを述べてきましたが、最後に歴史系博物館の課題について触れたいと思います。

最初に触れましたように、博物館は歴史研究の良質な成果を市民に伝えるという歴史学の発展にとって重要な役割を担う施設です。しかし、これまで歴史研究者は何を伝えるかには大きな努力を払ってきましたが、どう伝えるかは、後回しになってきたように思います。近年ようやくどう伝えるかにも関心が払われるようになり、観せるための工夫がなされるようになっています。解説パネルや映像の充実は、その現れでしょう。しかし、残念ながら、そうした努力は、思ったほど効果を上げないことは、今回の中学生のレポートから知られます。解説パネル・映像の充実と、中学生の関心の高さは比例していません。まず、関心をもたないとそれらは有効なものとはならないのではないでしょうか。

解説員の配置や学芸員によるギャラリートークも、近年、急速に広まっています。絶対に必要なことだと思います。しかし、解説パネルがあると、中学生の関心がそれに規定されたように、観客の知的好奇心を刺激しながらの解説は相当に難しいと思っています。いまはまだ、観客の知的好奇心を刺激するというよりも、説明にとどまっているのではないでしょうか。解説員や学芸員のギャラリートークは、おそらく好評でしょうが、観客にどういう効果をもたらしているのかの検討も急務だと思います。知的好奇心を刺激しながら、子どもたちに教えるという教員の技量が容易に獲得できないように、博物館での解説について、議論を深める必要を感じます。とりわけ、子どもたちへの解説は、専門的な技量を要すると思います。絵空事といわれるでしょうが、外国博物館で導入されているエデュケーター（教育学芸員）は、日本の博物館が、本気で教育活動に乗り出すならば不可欠な人員だと思います。いまのように、学芸員が兼ねるのは、無理があります。

もはや紙幅もつきました。最後に、歴博への要望を述べたいと思います。

いま歴博では、今回のフォーラムのもととなりました科研[*2]「生涯学習時代における博物館教育・教育員養成および歴史展示に関する総合的研究」を行ない、その一環として、教員のための博物館実習や、いま触れましたエデュケーター実習に取り組んでいます。私のゼミの学生も、実習に参加させていただき、たいへん刺激を受けたようです。科研終了後も、こうした実習を継続していただくことを強く要望しますが、同時に、歴史教育部門を設け、歴史教育とは如何にあるべきか、とりわけ歴史教育における博物館活用の意義について、理論的に詰め、発信してほしいと思います。なぜ、社会に歴史系博物館が必要なのか。歴史学という学問にとって博物館が果たす役割とは何か。私は、こうした博物館問題に多くの歴史研究者が関心をもち、議論しないまま、バブル期に次々と博物館が建設され、これも批判を覚悟で言うと、かつての私のように、その職員も博物館とは何かを十分に考えないまま博物館に職を得たことに、いま博物館が抱える諸問題の一因があると思っています。歴博には、ぜひ博物館の存在意義を理論的に詰めるような研究を継続してほしいと思います。サービスではなく、歴史学にとって市民と対話することの意義、それに果たす博物館の役割を考えてほし

＊2　科学研究補助金

い。それが博物館である大学共同利用機関の役目ではないでしょうか。

昨今、歴史学の危機が叫ばれています。歴史学の学問世界での影響力喪失、理論的支柱の欠如、研究の細分化等が理由のようですが、それ以上に、市民の歴史離れという歴史学の危機は進行しているように思えてなりません。小中高生の歴史嫌いと軽視をはじめ学校現場の状況に接していると、良質な歴史学の成果が伝えられていないことを残念に思いますし、そこにこそ歴史学の危機があると思うのです。そして、歴史研究者も、歴史教育も、市民や子どもたちの歴史への関心や観る眼と乖離しているように思うのです。その隙間に割り込むように、安直な歴史書物が氾濫し、さらにはこれまでの歴史教育を否定するような動向が立ち現れてきているのではないでしょうか。いまこそ博物館の役割が期待される時代のはずなのですが、その博物館にも荒波が押し寄せています。歴博は、歴史系博物館の中心的役割を担うべきだと思いますし、歴博の存在意義は、博物館であることにこそ求められるのではないでしょうか。

これが、教育学部に移ることで、ようやく博物館の重要な役割に気がつきはじめた私の自戒を込めた提案です。

報告に当たっては、大阪教育大学付属平野中学校教員肥後博氏と、同中学校一年生一二〇名（二〇〇二年度）に多大なご協力を得ました。末筆ながら、厚く御礼申し上げます。

【引用・参考文献】

岩城　卓二　一九九九　地域博物館・歴史系博物館に求められているもの」『ヒストリア』一六七号
岩城　卓二　二〇〇二　「対話する博物館ー歴史学と博物館のあり方を考える会創立十周年記念誌『現場から』に接してー」『ヒストリア』一七九号
岩城　卓二　二〇〇三　「遠い博物館―教員を目指す学生にとっての博物館―」『新しい歴史学のために』二五〇・二五一（刊行予定）
歴史学と博物館のあり方を考える会　二〇〇一　歴史学と博物館のあり方を考える会創立十周年記念誌『現場から』
大阪市立住まいのミュージアム　二〇〇一　『大阪市立住まいのミュージアム常設展示図録』
大阪歴史博物館　二〇〇一　『大阪歴史博物館常設展示図録』
大村はま・苅谷剛彦・夏子　二〇〇三　『教えることの復権』筑摩書房

討　論

歴史展示とは何か

久留島　それでは、討論を始めましょう。休憩時間に会場からいただいた質問を整理しましたので、まず各報告者にそれぞれお答えいただく、という形で進めたいと思います。はじめに、吉田さんのご報告は、とくに戦争をめぐる展示から、改めて博物館の展示のもつ意味自体を問い直すとともに、これまで吉田さんが強調してこられた「フォーラムとしての博物館・美術館」のこれからの可能性にまで及ぶものでした。吉田さんには、①吉田さんが強調している「フォーラムとしてのミュージアム」を歴史系博物館で実現させるためには何がポイントか、②日本文化も多様性をもっていると思うが、その問題をどう議論するか、という二つの質問が寄せられています。ご意見をお聞かせ下さい。

日本文化の多様性　民博とアイヌ展示

吉田　フォーラムについてと日本文化の多様性をめぐる問題についてということですが、フォーラムというのは、まさに今回の「歴博フォーラム」全体がフォーラムをめぐる議論でしたので、先に「日本文化の多様性」ということについて、歴史系の博物館はどのように考えているかというご質問にお答えしたいと思います。

じつは、一週間前に民博でフォーラムを一つ開いておりました。それはアイヌ文化振興法[*1]

＊1　「アイヌ文化の振興並びにアイヌの伝統等に関する知識の普及及び啓発に関する法律」一九九七年五月施行

制定五周年記念のフォーラムでした。アイヌの代表の方々をお招きして、第一部では新法制定後の五年間を振り返り、第二部では、私が司会をつとめ、先住民運動の中にアイヌの人たちの現在の動き、とくに博物館をめぐる動きを位置付けるというフォーラムでした。いま、世界中の先住民の間で博物館を自分たちのアイデンティティーの核として利用しよう、いわば先住民たちの主張の装置として利用しようという動きが活発化していますけれども、そういう動きの中にアイヌの人たちのいまの活動を位置付けてみようとしたわけです。そのフォーラムのテーマが、ご質問にありました、日本文化の多様性の問題でした。

ご承知のとおり、アイヌの人たちをめぐっては、日本政府は長い間日本は単一民族国家であると言い続けてきました。アイヌ文化振興法というのは法律をもってその見解を根本的に改めたもので、われわれはいまようやく確信をもって、日本は多民族社会なんだというふうに言えるところにきたのだと思います。アイヌの人たち、沖縄の人たち、在日韓国朝鮮人の人たち、さらにほかの国からやって来た在日の人たちといった、さまざまな国の出身者の方々を含んでこの社会が成り立っているわけです。これからは、日本は多民族社会なんだということをわれわれはいろいろな場面で確認しなければならないと思います。

じつは、民博の展示を見ていただきますと、アイヌ文化の展示だけは日本列島の展示とは独立しておりますけれども、それ以外の在日のさまざまな人びとの展示というのは、民博の常設展示の中にはございません。これに対する反省に立って、現在、庄司博史教授を中心として、二〇〇四年に「多民族社会日本」をテーマにした特別展を開催すべく準備を進めています。さらに、その成果は、まもなく始まる民博の常設展示場全体の改修にあたって、常設展示にも反映させる予定です。具体的には、日本展示の改修にあたって日本国内の「在日」のさまざまなコミュニティの人たちの展示の場をつくろうとしています。しかも、その展示はわれわれの側だけでつくるのではなくて、むしろコミュニティの人たちの参加、あるいは主体性に基づいてつくろうと考えています。多文化を内包する日本列島という認識を広めるというのは、日本で唯一の国立の民族学博物館として、民博にとって切実な問題ですし、われわれも正面からそれに向かっていこうと思っています。ただ、それは民博だけですむ問題ではありません。ここ歴博も含めて歴史系の博物館でも今後、お考えになるべきことだろうと思います。

フォーラムとしてのミュージアム、テンプルとしてのミュージアム

吉田　フォーラムという言葉ですけれども、この言葉は私自身、いろいろな機会でご紹介してまいりました。ちょっと確認のために申しておきますと、そもそもこの言葉は一九七〇年代に美術史家のダンカン・キャメロン[*2]という人が、ミュージアムのあり方の選択肢に二つあると指摘したものです。その一つがテンプルとしてのミュージアム、もう一つがフォーラム

＊2　Duncan Cameron, 1974 "The Museum : a Temple or The Forum" Journal of World History 4 (1)

としてのミュージアムです。テンプルとしてのミュージアムというのは、すでに評価の定まったお宝をいわば拝みにくる、神殿のような場所です。それに対して、フォーラムとしてのミュージアムというのは、そこで未知なるものに出会い、そこから議論が始まっていく場所といった意味です。キャメロンはまた、フォーラムは議論が闘わされる場所、テンプルは勝ち誇ったものが居座る場所だと言い、さらに、テンプルは結果であってフォーラムはプロセスだとも言っています。

私自身がこれを最初に紹介したのは、じつは八年前の民博の創設二〇周年記念のシンポジウムでした。今日のこの機会というのは、さきほどお聞きしますと歴博で博物館を正面から採り上げた最初のシンポジウムだということでしたが、民博の場合は八年前の創設二〇周年記念のフォーラム「二一世紀の民族学と博物館—異文化をいかに展示するか」が博物館を正面から採り上げた最初のシンポジウムでした。それ以来、いろいろな機会に、これから新しい博物館をつくっていこうというのなら、テンプル型ではなくフォーラム型が必要なのではないかということを申し上げてきました。それは、テンプルとしての博物館がいらないというわけでありません。世界には、ルーブル美術館だとか大英博物館というものがあるわけですから、これからさらに新たな博物館をつくっていくのであれば、第二の大英博物館、第二のルーブルをつくっても仕方ない。むしろフォーラムとしての博物館にこそ可能性があるのではないかと申し上げてきたわけです。

歴史系の博物館でそれをどうやって実現するかということですが、今日、私が申し上げました、一つの出来事について異なる価値観に基づいた展示を並列してみるというのも、フォーラムを実現する一つの手法だと私は思っております。いずれにせよ、それは歴史系であろうと民族系であろうと同じなのですが、批判に対して回路を開いておくこと、そして、その批判を受けたときに修正をしていくことにも常に回路を開いておくというのが一番大事だろうと思います。今日、いろいろな方もおっしゃっていましたが、展示をつくった意図をはっきり示そうというのも、批判に対して回路を開く非常に重要なポイントだろうと思います。ただ、これを既存のシステムに乗せていこうとしますと、すぐに障害にぶちあたります。日本の博物館の場合は、展示をつくってしまうとそれでおしまいということが非常に多いわけです。フォーラム型の博物館を実現しようとすると、先ほどのキャメロンの話の中でも出ましたが、展示というのはあくまでもプロセスなんだという発想に変えていかなければいけないと思います。つまりオープンしたときがスタートなんだ。展示を見て、寄せられる意見を実際の展示の中に反映させ、展示そのものをどんどん変えていく。ですから、展示が完成するのはじつは最終的には閉幕するときなんだ。そういう発想の転換がどうしても必要になってくると思います。少なくとも私は、自分で開いた展覧会についてはそういうつもりでやってきました。オープン後、毎日展示場に立って、お客さんの後ろを背後霊のようについてまわって、どういう会話をしていらっしゃるかを聞いて、民博の場合は毎週水曜日がお休みですので、水曜日ごとに展示を変えていくということを最終の閉幕まで続けました。ですから、たとえば私が担当した民博の「異文化へのまなざし」[*3]では最初と最後では、展示物そのものが入れ替わりましたし、配列も大きく様変わりすることになりました。

さて、このフォーラムについては、もうひとつ大人と子どものフォーラムは可能なのかという質問が寄せられていたようですが、私は、これは可能だと思います。

ひとつのモデルがあります。それはオランダのトロッペンミュージアム（熱帯博物館）の試みです。アムステルダムにある博物館ですが、そのなかにキンダー・ムゼウム、つまり子ども博物館が設けられています。ひとつの展示は三年間続きますが、それに先立つ二年間を準備にあてています。しかも準備に際しては、展示を企画するキュレイターと、オープンしてから子どもたちに実際に接するミュージアム・ティーチャーが、一緒にフィールドに出かけます。そして三ヶ月から半年くらいフィールドワークを行ない、ミュージアム・ティーチャーが対象の文化に対する理解と尊敬の念がもてる段階になって、はじめて一緒に企画をしていくということです。そしてオープンしたあとは三年間同じプログラムを継続していく。アムステルダムは小さな町ですので、小学校三、四、五年生だったかと思いますが、すべてのアムステルダムの小学校の生徒が、みんなそのプログラムに参加することになります。ひとつのプログラムは一時間から一時間半です。ほぼ三年ごとに内容が変わっていきますので、すべてが同じレベルに達しているわけではありません。いまは、アフリカ・ガーナのアシャ

＊3　「異文化へのまなざし―大英博物館コレクションにさぐる」一九九七年九月から一九九八年一月、国立民族学博物館。一九九八年二月から四月世田谷美術館

ンティをめぐるプログラムを実施しています。ワークショップ型のプログラムでしたが、率直に言いましてそれはあまり感心しませんでした。王の役、従者の役と単なるロールプレイに終わっているという印象でした。

あれは一九九六年に行ったときだったと思いますが、オーストラリア・アボリジナルについてのプログラムをやっておりました。そのときは、まず子どもたちだけが展示場に入りまして、ミュージアム・ティーチャーから、樹皮画を描く、あるいは歌を学ぶ、踊りを学ぶ、楽器の演奏を学ぶといったプログラムを約一時間実施します。一方、親のほうは三〇分後に別室に集められまして、そこでアボリジナルの人たちの土地権をめぐるビデオを見せられます。アボリジナルの人たち一人ひとりが、自分たちにとって、土地というのは祖先からの記憶が残っている大事なものなんだ、それを白人が取っていったんだと主張するビデオを見せられます。

それが終わって、初めて大人と子どもたちが引き合わせられるわけです。すると子どもたちは親に向かって、こんなことを習ったよと言って、踊りなり、歌なりを披露する。親のほうは、自分が見たビデオに基づいて自分なりの考え、アボリジナルの人たちについての考えを話す。展示が、親と子の対話のきっかけになっているんですね。

ですから、ご質問にありましたように、子どもと大人の間でフォーラムというのができるのだろうかというご質問については、間違いなくできるとお答えしてよいかと思います。

国史館に海外モデルはあったのか

久留島　次に金子さんのほうに移らせていただきます。金子さんは、博物館、歴史展示の政治性に注目した研究を進めてこられたのですが、本日の報告では、当館の前提である「国史館」構想の歴史的・政治的意味について改めて指摘してくださいました。金子さんに対しては、日本の博物館はともすると海外の博物館を模倣するということがあるようだが、国史館については海外の博物館を模倣するということがあったのか、という質問が寄せられています。

金子　日本の近代博物館は、もともと明治初期に西欧から輸入されたというその出自から考えても、海外の博物館を見本にして、その先進的な取り組みを模倣するということが常に行なわれてきたと言ってよいと思います。海外への視察あるいは留学時の博物館経験を媒介にして、日本の近代博物館の基礎が形成されていくという側面が非常に大きいのですが、その際、どの国の、どういう分野の博物館の、その中でもどの部分を見本にしたのかということを比定するのはとても困難です。

博物館設立時の為政者たちがどのような博物館を想定していたのかを示すような文書があったり、あるいは、実際に調査に出かけてその反映の対応関係が確認できるような証拠が残っていたりすればよいのですが、そのような例はもちろん極めてまれです。

国史館に関しても、やはりそのようなことを示すような資料はありません。ただ、報告の中で少し触れた大東亜博物館の場合には、明らかにアメリカ型をめざしていたことがわかります。それは資料からも確認することができます。[*4]

ところが国史館については、そのような資料は見当たりません。したがって、状況証拠のような形で、歴史的な文脈から判断しなければならないのですが、その場合、おそらくドイツ的なものを意識していたのではないかと推測できます。ただし、「アメリカ的」「ドイツ的」という言葉は非常に危うい概念です。何をもって「アメリカ的」「ドイツ的」というのか、それを決めること自体とても政治的な営みだと思うので注意が必要ですが、あえていうならばドイツ的だと思います。

戦前の日本の郷土博物館、郷土資料館といわれるものは、ドイツの模倣だったといわれています。明治の末期から大正時代にかけて、地方改良運動と呼ばれる内務省主導の運動が起こります。日露戦争に辛勝した日本は、欧米列強に比肩し得るだけの国力を増強するために、国内体制の整備に乗り出すようになります。これらの動きを総称して地方改良運動といいますが、その運動の中で「郷土愛の育成」がスローガンとして唱えられるようになります。地域住民に対して、郷土への帰属意識を高めようという働きかけが顕著になり、その運動の中で郷土博物館がつくられていくわけですが、そのときにモデルとしていたのがドイツの博物館でした。

＊4　犬塚康博「大東亜博物館の地平」（「文学史を読みかえる」研究会編『戦時下の文学——拡大する戦争空間』インパクト出版会、二〇〇〇年）

また昭和初期には、世界恐慌の影響で農村が疲弊していき、それを立て直すために「愛郷土精神の涵養」ということがいわれるようになります。その時期には、各地で郷土博物館・資料館が建設されたり、文部省が師範学校に郷土研究施設費を補助して郷土資料室がつくられたりしました。そこでもやはり総じてドイツにおける取り組みが参照されていました。これらは、第一次世界大戦後のドイツの学校教育におけるハイマートクンデ（Heimatkunde＝郷土科）という科目の成果を模範として、これを博物館にも援用させようというものでしたが、ここではかなり精神主義的な博物館像がめざされていたということができます。

この「精神主義的な博物館像」として想起されるのが、今回話題にした国史館です。ドイツの博物館との対応関係を直接的に示す資料はありませんが、〈精神性〉に重きをおくような博物館のあり方を模索していたのは、やはりドイツ的なものが想定されていたからではないかと推測できます。

国史館造営に関する事務が文部省に委嘱されるのは一九三七年（昭和一二）ですが、その四年程前から、文部省では、国宝、重要美術品、史蹟の保存という形で、国史への深い関心を示すような政策がとられていました。文部省内の保存行政に携わる職員も、一九三三年（昭和八）ごろから増員されるようになります。これは、ナチスドイツが民族精神昂揚の手段として史蹟保存を国家的に推奨するようになったことを受けたものといわれています。つまり、文部省の国史館への関心は、いわばナチスドイツのありようとパラレルだったということもできると思います。このような意味で、国史館とドイツとの関連性を推測することができるわけです。

では戦後はどうなのかというと、大雑把に捉えれば、今度は〈科学性〉を旨とするアメリカの博物館活動をモデルとするようになります。その鍵を握るのは、大東亜博物館です。文部省科学局で大東亜博物館の創設準備に携わっていた木場一夫という人物は、戦後も引き続き、科学局の後身である科学教育局に所属して、科学教育を中心とした博物館振興に関わっています。そして、一九四九年（昭和二四）に『新しい博物館——その機能と教育活動』[*5]という本を著してその理論化をはかりますが、その本の中でアメリカの博物館を高く評価し、具体的な事例の多くをアメリカの自然史博物館に求めていました。もともと木場一夫が戦中に準備にあたっていた大東亜博物館自体、アメリカ型の博物館をめざしたものでしたから、戦中における木場の文部省での仕事は、戦後の『新しい博物館』へと矛盾なく続くものだったということができると思います。

つまり、日本の博物館は、戦後の出発の時点ですでに大東亜博物館の経験が刻印されていて、しかもそれがアメリカをモデルとするイデオロギーと結びついて、戦後の実践に大きな影響力をおよぼしたのです。大東亜博物館で培われた〈科学〉への志向、〈アメリカ〉への志向は、戦後においても継承されて、戦後日本のあり方を規定するものになったのではないかと考えています。

＊5　木場一夫『新しい博物館——その機能と教育活動』日本教文社、一九四九年（伊藤寿朗監修『博物館基本文献集』第九巻、一九九一年に再録）

松戸市立博物館の課題とは

久留島　続いて青木さんの報告についてです。青木さんの報告は、松戸市立博物館の現代史展示「常盤平団地の誕生」を担当された経験を踏まえ、ノスタルジアの対象となり始めた昭和三〇年代の展示をすることの意味にせまろうとしたものですが、これに対して、次のような質問が出されています。具体的なことが多いのですが、まずお答えいただけますか。①観客動員数の推移、②観客の反応、③展示についての自己評価、④現在のマンションの問題（建て替え問題）をどのように考えるか、です。

青木　松戸市立博物館の利用者数は、開館して一〇年目に入って、常設展示の観覧者数は、当初の五年は漸減しましたが、それ以降は横ばい状態です。現在は、年間利用者数一〇万人を保てるようにがんばっています。今日、お話した企画展「戦後の生活革新」では、六〇〇〇人程の方が見に来られました。一般的に歴史系の博物館の展覧会であれば高齢の方が多いように思われますが、このときは普段あまり博物館に足を運ばなかった三〇代、四〇代の人たちが、自分たちの子どもの頃の展示ということで、非常に多く来てくれました。

マンションの問題は、今日の話からはずれますが、現在、常盤平団地はおよそ四〇年が経過しています。街路樹などは成熟して、緑豊かな落ち着いたたたずまいになっています。しかし、建物の老朽化は進んで、建て替えが計画され、その計画に反対の声もあります。また、住民の高齢化も進んでいます。小櫃さんも夫婦二人で、長い人生のかなりの時間を、この団地で暮らしています。

ノスタルジアと歴史研究としてのメッセージ

「千葉県立房総のむら」の尾崎晃さんからの質問　最後におっしゃったことで、さらに突っ込んだ歴史研究としてのメッセージをと書かれていますが、このことについてお伺いしたい。じつは、「房総のむら」も時代設定は違いますが、ある程度ノスタルジアを感じながら、利用されている方が多いのでお伺いしたいと思います。

青木　まだ、しっかりした考えがまとまっているわけではないのですが、とりあえず、企画展「戦後松戸の生活革新」で、観覧者が展示された生活、生活資料に対するノスタルジアを感じたことを否定するわけではありません。ただ、展示で表したかったことは、常盤平団地に引っ越してきた小櫃さんの生活を通して、東京に勤めをもつ新しい松戸市民の姿であったわけです。しかし、多くの観覧者が展示されたモノに対して、思い出を探し、語っているわけです。このような思い出を探される方に対して、博物館はどのような思いで探されているのか、思い出の中身を考えていかなければならないと思います。

ただし、一方で、ノスタルジアという言葉で説明しきれる状況なのかどうかは考えていかなければならない問題でもありますが、雑誌のなかで一面的に「元気だった時代」と昭和三〇年代という時代を説明しきってしまうのは、博物館としては非常におかしいだろうということです。企画展「戦後松戸の生活革新」で考えたことは、観覧者が当時のあこがれの団地で生活を懐かしいと思うことに対して、小櫃さんの暮らした軌跡を通して生活の変化、実態を追うなかで、一面的ではない昭和三〇年代の生活を表すことでした。

エデュケーターなどの人材育成

久留島　さて、国内の博物館で、その数がもっとも多いのが歴史民俗系の博物館だと思います。小島さんの報告は、当館の総合展示を事例として採り上げ、そこから特徴と問題点を抽出することで、これからの歴史展示のあり方について述べられたものですが、現在、当館だけでなく、多くの博物館では、研究成果をわかりやすく伝えることが問われています。しかし、展示はしょせん展示者による歴史叙述であって、展示したものは展示した側と切り離すことができないということから考えなければならないというのが、小島さんの主張だったと思います。同時に、吉田さんが言われている「フォーラムとしての博物館・美術館」という方向性の模索も始まっています。小島さんの主張も、この吉田さんの問題提起と矛盾するものではなく、研究成果を伝えるためには、展示した側と観客との対話、観客と資料との対話が不可欠であり、研究・展示という過程そのものが大事だと考えることができます。しかし、実際には、すぐには対話は成立しません。研究成果を伝えるという意味においては、対話をするための仕組みがおそらく必要だと思います。それについて歴博では現在どのようなことをしているのか、この点から話していただけませんか。

小島　若干紹介いたしますと、科学研究費をとっている目的のひとつに、「教育員養成」を入れています。岩城さんからもご紹介があったように、展示者と観客を結ぶ存在としてのエデュケーターの問題についても考えなければいけません。そこで、そういったエデュケーターとしての役割を担っている人材を育てていくためには、どのようなカリキュラムを組めばよいかという実験を行なっています。具体的には、夏休みに千葉大などの学生を集めて、「教育員実習」と称して行なっているのですが、これは普通の博物館実習とは少し違って、まず担当者が展示の意図をよく説明したうえで、お客さまのいる展示室の現場に立たせて観察と支援を行なわせ、それを通じてどういったことを行なえばよいかを考えさせます。また竹内さんにも観客調査の方法を教えていただいて、教育プログラムの検証も実施し、最後は自分たちでプログラムをつくるところまで行なっています。そういった形で大学とも連携しながら、人材育成の試行をしている段階です。

また、先ほどの「フォーラム」の問題に関連していいますと、展示した人間と観客との対話の重要性を申し上げましたが、実際に展示を作成した人間が観客と対話ができるのが理想ですし、ギャラリートークができれば非常に評判がよいこともわかっています。しかし、担当者がいつもそこにいることは実際にはむずかしいので、何らかの工夫が必要になってきます。そのひとつが音声ガイドで、書いたものを読んで理解していただくというのはどうしても無理があり、今回の企画展[*6]でも受話器型のものを部分的に取り入れましたが、何らかの音声ガイド装置を使って、担当者が直接語るのがひとつの方法だと思っています。実際の双方向の対話にまではならないとしても、展示者の意図を伝えるうえではかなり有効です。

もうひとつはソフト面の問題で、プログラムを通じての、展示の理解と意味の発見ということが非常に重要だと思います。しかし、どのようなプログラムを組んだら展示の意図が理解され、また観客側が展示を活かせる形にもっていけるかという工夫は、内容面を企画した研究者だけでは不十分です。

最近、海外の博物館の調査も行なっているのですが、先進的な博物館においては、チームをつくり、教育面などは専門の担当者が入ってつくっているケースが多いようです。キューレーターだけでなく、教育担当の職員が一緒に入って、どのようにすれば意図を伝えられるかをはじめから展示の中に組み込んでハードとしての展示を工夫し、そしてその中にどのよ

＊6　「中世寺院の姿とくらし」二〇〇二年一〇月から一一月

うなプログラムを仕掛けていけばうまく機能するかを最初から考えていく、というのがやはり望ましいあり方だと思います。「はじめから」といっても、すでにできている博物館や展示ではつくり直すのはむずかしいですが、プログラムだけなら後追いでもつくることができますし、歴博でもいろいろと試行しているところです。[*7]

今後は、こういった活動を担える人材を育てること、その必要性を研究者が十分に理解すること、そして岩城さんの問題でいえば、学校の先生にもその必要性があり、学校側もプログラムを活用する能力をもっていただくことが重要ではないかと思います。

*7　国立歴史民俗博物館教育プロジェクト活動報告『れきはくにいこうよ　一九九八～二〇〇〇』、『同二〇〇一』『同二〇〇二』

今後の観客についての調査、利用者サービス

久留島　吉田さんが言われたミュージアム・ティーチャーとも重なる感じがしますが、小島さんの報告を聞いて、今後は展示する側と観る側とをつなぐ場だけでなく、そうした役割を担う人材も必要になってくるのではないかと思いました。その意味では、これからは、私は展示する側、あなたはそれを観る側、という関係ではいけないわけですが、では、展示する側が観る側のことをどのくらい知っているのか、というと、少なくとも当館ではきちんと知ろうとしてこなかったというのが実情だと思います。竹内さんは、このきわめて遅れていた、

当館の観客調査を三年間やってきてくださいました。今回はその調査を踏まえた報告でしたが、竹内さんには次のような質問がきています。①観客の動員数が減っているが、その対策のためには今後どのような調査が必要だと考えるか、②観客がどのような情報をもとに来館しているかについて、どのように調査しているか、③観客を増やすためには、研究部、事務方だけでなく、ボランティアなどさまざまな人たちに関わってもらう必要があると思うが、それについてどう考えるか、の三点です。

竹内　今後どのような調査を予定しているかといいますと、二〇〇二年度は、第三展示室のリニューアルに関わる観客調査をもう少し行なう予定です。今日ご紹介したような、観客の観覧行動から見た調査のほかに、観客が展示をどのように理解し、認識しているかといった、観客の内面に踏み込んだ調査をしたいと考えています。観客動員に関わるマーケティング的な調査としては、歴博に来たことがない人はどういう人か、なぜ来ないのかといった非利用者調査を行なう必要があると思います。当館ではまだやっていないので、これからできればやってみたいと考えています。

次に観客がどのような情報源で来館しているのかという質問ですが、アンケート調査によると、圧倒的に口コミが多いです。開館して二〇年になりますので、以前から歴博を知っていたという人も結構います。

三番目の観客を増やすためには、研究部、事務方だけでなく、ボランティアなどいろいろな人たちが関わることが重要ではないかということについては、そのとおりだと思います。現在、一部の教員が中心となってこうした観客動員のためのさまざまな取り組みをしていますが、こういうことは館全体の取り組みとしてやっていかなければいけないことだと思います。ボランティアの活用についても、友の会の会員が一〇〇〇人近くいますが、その九割が千葉県内の住民で、ボランティアの募集をかけると、すぐに七〇から八〇人くらい集まります。そういう力も歴博の活力にしていけるのではないかと思います。

そのほかに、マーケティングの対象は誰かという質問がきていますので、それについてお答えすると、歴博では、五年前に教育プロジェクトができる前までは、一般向けの普及活動として歴博フォーラム、子ども向けのものとしては歴博探検を行なっていましたが、それ以上のことはほとんど行なわれていませんでした。それが教育プロジェクトができてから、学校向けの対応にも力を入れるようになり、家族連れ、子ども向けのプログラムもいろいろ行なうようになりました。いまの歴博にとっての課題は、成人、中高年向けの従来のサービスを維持しつつ、学校や子どもなど、これまであまり力を入れてこなかった層へのサービスを向上させることだと思います。

次の質問ですが、小中高、大学、一般で、要求として初級、中級、上級というように解説レベルは違うのではないかというコメントをいただいていますのでお答えしたいと思います。歴博では、常設展示でご覧になった方もいるかもしれませんが、二〇〇一年から子ども向けの展示解説プレートをつくり、その効果や反応を調査し、修正を加えたうえで、本格的に設置しました。ですので、展示室には従来の解説プレートと子ども向けの解説プレートを両方置くことによって対象に応じた解説の提供を試みています。

難問に直面する教育現場。教員養成の現場から見て

久留島　最後、岩城さんの報告についてです。学校教育の現場で博物館を活用することの意義と課題について、大阪教育大学や附属中学校での実践を踏まえた報告でした。じつは私は教育学部から歴博に来ました。教育学部で将来教員になる学生たちとつきあってきて、博物館から学校への働きかけが欠如しているだけでなく、学校の側にも問題があると感じており、この点について博物館の側から考え、実践してみようと思ってこの三年間やってきました。岩城さんは、逆に博物館にいたときには実感できなかったことが、教員養成系大学に行ってわかったということだと思いますが、まず先生が博物館を使えるようにしていくにはどうしたらよいか、学校現場の状況をも含めて補足していただけませんか。また、附属中学校の実践によって子どもたちと大学生（先生の卵）たちが何を感じたかについてもお話しいただけると幸いです。

岩城　この会場におられる小中高教員の方々は、私よりも現実感をもって、深刻に認識されていることと思いますが、現在、学校現場は、教育委員会や父兄からの「攻撃」に防戦する一方で、担わなければならない事柄は肥大化するばかりです。教員養成学部は、法学部・文学部といった学部以上に、こうした「現在《いま》」に大学でのカリキュラムを規定される学部で、勤務する大阪教育大学でも、「現在《いま》」に対処できる教員の養成に重点が置かれています。その結果、これからの社会を担っていく子どもたちをどう育てていくのかという「未来《これから》」に果たす教員の役割が等閑《なおざり》にされているように感じています。時代に逆行していると批判されても、私は、教員とは教科を教えることこそがもっとも重要な役割で、そのためには小学校教員も教科について深い専門知識を獲得しなければならないと考えています。ところが、いまの教員養成学部のカリキュラムは、教員をめざす学生に教科を教えるための深い知識を求めていません。とりわけ、小学校教員養成は、それが顕著です。ほぼすべての教科を教えることになる小学校教員が全教科について深い専門知識を有していることは困難ですが、得意技といえる教科をひとつはもってほしいと思っています。学生たちが教員になってくれることは本当に嬉しいのですが、はたして教科を、深みをもって教えることができるのだろうかという不安を抱き、現場に送り出しているような次第です。

現在の教員養成カリキュラムでは、教員の教科を教える力の低下は、今後さらに深刻になっていくと思います。ある中学校教科書のなかに「江戸時代のリサイクル」というコラムがあります。ゼミ生が教育実習の研究授業でこれを採り上げました。現在の日本社会のリサイクル率の低さを子どもたちに示したうえで、江戸時代には古着をはじめさまざまなリサイクルが行なわれていたことを、じつにさまざまなデータや資料を示しながら授業に取り組みました。ところが、授業後の中学生の感想は、「江戸時代の人は物を大切にしていて偉い」、あるいは「江戸時代のようにボロボロの古着を着なくてもよい時代に生まれてよかった」というものでした。学生は、なぜ、江戸時代の人がリサイクルを行なっているのかを社会構造から説明することなく、リサイクルをしたか、あるいはしないかという現象だけを採り上げたため、中学生にとってリサイクル問題は倫理観の有無でしか理解されなかったわけです。供給と需要のアンバランスの中で、江戸時代の人々がリサイクルに迫られるというような社会構造こそに触れる必要があったのですが、大変まじめで成績優秀であったこの学生も、巷で流布している「リサイクル社会！　江戸時代に学ぼう」式の発想で授業を進めてしまったのです。当然、学生に適切な指導ができていなかった私に大きな責任があるのですが、単に教えるための知識量という点でも、個々の教科の学問としての深みを理解するという点でも、じつに心許ないまま現場に送り出さざるを得ないのが現状です。ちなみに、この学生はいまだに難関の、中学校教員採用試験に一回で合格しました。採用後、彼が教科を教える力の向上に努力してくれることを願ってやみません。

また数年前、さらに難関きわまる高等学校社会科教員に合格した学生も、一年目授業するのに何を勉強すればよいのか、また何を調べればよいのかわからず、悪戦苦闘のすえ、私に質問してきたこともありました。内容は、辞書を調べればわかるというものでしたが、何を調べてよいのか、わからなかったのです。

学生たちは決して無能ではありません。採用後、じっくり勉強する時間さえ与えられれば、向上に努力することは間違いないのです。しかし、そうできないのが教員養成学部と教員の職場環境の「現在《いま》」なのです。

いわゆる博学連携は、全国に、急速に広まっていると思います。大阪でも「活発」です。しかし、博物館関係者からは、よく不満を聞かされます。博学連携には教員に相当な力量がなければ有意義なものにはならないと思いますが、そのための教師力向上の時間も制限されたまま、また、多くの教員は、なぜ博物館を活用するのかという問題意識が欠如したまま、活用だけが進むのですから、いわゆる博物館への「丸投げ」や、子どもたちの「放し飼い」等に博物館関係者が不満を抱くのも当然です。一方、博物館側にも、学校教育と連携することなどサービスとしてしか考えていないような姿勢も見受けられます。博物館を活用した授業を考えようという私の大学院の授業に現職教員が出席していることがありますが、教員たちの博物館に対する印象は「とても不親切である」というものでした。ある小学校教員は、「子どもにとって学校から博物館に行くことは、大人になるまでの数少ない機会であるにもかかわらず、博物館はあまりにも不親切でした。事前に相談しても、そんなこと教員が考えなさいというような対応でした。もう二度と行きません」と言いました。その教員によると、「教育活動の一環としていろいろ準備・用意しても、なかなか子どもたちにはうまく伝わりません。それでも、結果的には子どもたちが楽しかった。博物館という施設が社会にあって、そこは楽しい場所だという印象をもつだけでもよいのではないでしょうか」ということでした。そういう段階からしか博学連携など始まらないし、将来の観客増にもつながらないにも関わらず、日本（大阪府内）の博物館はあまりにも不親切である、というのがその教員の意見でした。また、小学校の歴史の教科書では必ず採り上げられている「長篠の戦い」を扱うとき、子どもたちに火縄銃を見せたいと、あちらこちらの博物館に相談したそうです。しかし、いずれも門前払いのような対応だったことに大変憤りを感じていました。

博物館だって多忙極まる。そんなことにいちいち相談に乗っていられない。かつて博物館にいた私も同じ対応をとったことと思いますが、教員養成学部にいる現在では、専門家からすると些細なことに過ぎないことを聞いてくる、そういう教員こそを大切にしなければいけないと考えるようになりました。博学連携には、博物館、教員、教員養成学部三者が抱える問題が噴き出しているといってよいのではないでしょうか。

こうした博学連携の問題は、日本の現状を直視せず、外国の「先進的」な博学連携の例を紹介するだけであったり、文部科学省や教育委員会が悪いというだけでは何の解決にもなりません。また、私自身、博学連携から見えてくる問題の重さに、にわかに解決策を示すこともできません。それでも、私は、博物館活用に、歴史教育の可能性を見出したいと考えています。子どもたちの深刻な社会科嫌い。また、歴史は覚えるだけの勉強。あるいは、歴史を勉強して何の役に立つのか。子どもたちの、そして青年層、中年層にも広がりつつあると思われる歴史離れは、文部科学省や教育委員会が悪いといっているだけでは、現状認識を誤ると思います。こうした歴史離れも、戦後歴史学と歴史教育の「成果」なのであり、その解決に、歴史研究者は真剣に取り組まなければ、歴史学という学問に、「未来《これから》」はないとさえ思っています。

久留島さんの質問への回答にはなっていませんが、博学連携を有意義なものにするには、教員養成学部と教員が置かれている現状はあまりにも厳しいということを、会場の皆さんに少しでもご理解いただければと思います。

大学院生は博物館をどう捉えたか

久留島　現場の先生たちが抱え込まされている問題はよくわかりました。次に、会場からの質問が一つあります。大阪教育大学の学生や大学院生たちは、博物館についての授業で、何を考え、どのように変わったのでしょうか。

岩城　教員養成学部で、学校教育における博物館活用という授業を開講しているのは、現場で、博物館を容易に使えるようになってほしいという意味でのマニュアルを習得してほしいからではありません。博物館に行って、授業で活用できる展示品はどれかを見極めたうえで、その展示品の情報を収集し、博物館の授業案を作成するという一連の課程には、歴史学的思考が凝縮されていると考えるからです。学校の現状を理解せずに、博物館活用を推進してもできるはずはないと教員の方からよく批判されるのですが、私は、現場で博物館を活用するか、しないかを議論しているのではなく、博物館を活用できるか、できないかで歴史教育を担う教員の資質を判断することができると考えているからです。別のいい方をすれば、博物館を学校教育で使いこなせるようになることが、教員の資質向上につながるということです。博物館を観て、歴史教育での活用方法が次々と浮かび上がらないような教員が、歴史教育を担っているとしたら、それが問題だと思うのです。

大学では三、四年前から大学院生を対象に、二〇〇二年からは学部生向けに歴史教育における博物館活用に取り組む授業を開講しています。大学院の授業の場合、毎年一〇人前後、そのなかに現職教員もいることがあります。当初、小中学生向けのワークシートを作成するという課題を与えて、全員同じ博物館に行かせていましたが、そもそも博物館に行った経験がほとんどない学生たちです。何をしてよいのかわからないまま、ワークシートは作成しなければならないという気ばかり焦ったようです。そしてできあがったワークシートは、ほとんどの学生のものがいわゆる穴埋め問題でした。展示品ではなく、展示解説を読めばできてしまうという内容でした。展示品から何かを発見するという発想が、学生にはそもそもありませんでした。報告でも少し触れましたように、歴史とは覚えること、歴史の調べ学習とは解説文を写すこと、それが学生たちの考える歴史の勉強なのです。また、子どもたちの興味を引かせるような工夫は、なるほどと思わせるものも少なくないのですが、学習活動としてそれ以上の進展がみられないというものも少なくありません。興味を引かせたり、楽しませる工夫には長けているのですが、学習活動という点では未熟だと感じさせられました。これも教員養成学部の「成果」なのでしょう。

興味を引かせる工夫だけでなく、意味ある学習活動にしなければ博物館を活用したことにならないこと、苦労して博物館に子どもたちを連れてきたからには、教室ではできない活動をする必要があること、それには展示品をじっくり観察し、そこから子どもたちが何かを発見するという展示品との対話という営みこそを博物館活用の中核にすべきこと、さらに、諸外国における博学連携の現状等々を講義したうえで、学生たちが採り上げた展示品の解説をなるべく丁寧にします。その際、なるべく博物館にある解説文や他の展示品と関連づけながら、歴史を学ぶとは、また歴史を通じて社会を考えるとはどういうことかという歴史を学ぶ意味について、学生たちが考えてくれるように解説しているつもりです。半期十数回程度の授業で、歴史を学ぶ意味を学生たちがすぐに理解してくれるとは思っていません。しかし、博物館活用を意味あるものにするには教員が大変な努力をする必要があること、年代や事項を覚える歴史の勉強は意味なく、つまらないものであるが、教員が事前に充分な知識を獲得し、歴史を学ぶ意味を理解したうえで取り組まれた歴史学習はじつに奥深く、おもしろいものであるかをわずかながらですが感じ取ってくれているように思っています。多くの学生が博物館がこんなにおもしろい施設とは思わなかったという感想をもち、現場で活用してみたいと感じてくれたのではと思っています。

私自身、不十分なものであることは承知しているつもりですが、覚える歴史ではなく、資料と対話する考える歴史のおもしろさを少しでも学生たちが感じ取ってくれているとしたら、嬉しいことではあります。そして、それは、たぶん講義形式ではなく、博物館を活用するという実習をともないながらだったからでしょう。現場で活用できるようにするというような狭い意味合いではなく、教員の資質向上のために、養成時代に博物館活用を経験することは意味があると思います。教員になるための博物館実習が必要であり、教員養成学部では、美術館も含めて、こうした授業を必ず盛り込むべきではないでしょうか。

久留島　少し全体で討論してみたいと思います。会場から少し意見をお伺いしたいと思います。

今日のご報告と質問の中から、大きく三つの問題が出されているのではないかと思います。乱暴なまとめ方かもしれませんが、一つ目は、歴史民俗系・民族系博物館の具体的な展示の問題として、戦争（戦争の記憶）を展示すること、いまを生きている人たちの二、三〇年程前の記憶や、共時的に存在する異文化・他文化を展示することなど、たちどころに博物館で展示すると、その行為そのものから派生する「政治性」の問題です。展示するという行為やその中身自体に関わる問題です。

二つ目は、これからの博物館を考える場合に、展示する行為・展示したものと観客との関係をこれまでのように一方的なものではなく、双方向的な関係にしていくこと、あるいは確定した事実として展示するのではなく、その場で議論できるようにすることが大切だということでしょうか。また、伝えるという言い方は「一方的」なのですが、意図無くして展示することはあり得ないという反省にたてば、少なくとも何かを伝えるために展示した側の意図は示される必要があるし、展示では伝えきれない情報を、知りたいという観客には「コンピューターなどを使って」見せることも必要かと思います。また、一方で、コンピューターを利用するだけではなく、「人間が実際に行なうプログラム」で、観客と展示する側とを「つなぐ」ということも今後はむしろ重要になるのではないかと思います。その意味では、博物館の場で人間と人間が結びつくことの意味を考え直してみたいということでもあります。

三つ目は、当館がそうだから、ということでもあるのですが、歴史民俗系博物館には美術館や自然史系博物館などと異なる固有の問題があるのか、あるとするならばそれはどのようなものか、逆に共通する問題とはなにかということでしょうか。

まず、二つ目のところからいきますと、つなぐということでは、じつは私は琵琶湖博物館[*8]を見学して、「つなぐ」ことの大切さを知りました。指名して恐縮ですが、布谷さんからご意

＊8　滋賀県立琵琶湖博物館　一九九六年開館。所在地・滋賀県草津市下物町一〇九一。開館時間は午前九時半から午後五時（入館は午後四時半まで）、休館日は毎週月曜日（祝日の場合翌日）、年末年始。http://www.lbm.go.jp

見をいただければ幸いです。

博物館と来館者を「つなぐ」展示とは

布谷　展示とはそれを作成する側が伝えたいメッセージを形にしたものであるといわれています。たとえば展示評価では、そのメッセージの伝わり方を測定して、そのメッセージがより多くの人に伝わるように展示を改善していきますが、これは博物館と来館者とを、博物館が望むメッセージを通してつないでいこうという意思の表れです。

展示においてメッセージを明確にするということは何よりも大切であると思います。しかし問題はそのメッセージの立て方です。

博物館においては、展示は「真実」を伝える場であるという大変に政治的な考え方がされている時代もありましたが、現在もやはり原理原則を展示しなくてはならないという考え方で展示がつくられているのではないでしょうか。もちろん、原理原則を展示する博物館も必要だと思います。ある意味では国立の博物館の逃げ切れない部分かもしれません。しかし、情報がこれだけ過多の時代、博物館で提供できる程度の情報は、すでに大部分の来館者は知っていると考えるべきです。来館者はもちろん専門家ではないので、詳細についての知識は少ないでしょうが、展示を見て、「目からうろこが落ちるような発見をする」というようなことは起こらないでしょう。博物館が教科書の内容を教えるような展示をしても、来館者をつなぎとめることはできないと考えます。

博物館のメッセージは、特定の情報や知識を伝えることではなく、ある課題について、博物館と来館者とが一緒に考えるということに置くことができるのではないでしょうか。たとえば昭和三〇年代の展示についての議論がされましたが、昭和三〇年代がこういう時代であったということをいくら詳細に展示して、多くの人が懐かしいと思ってくれたとしても、そのことは博物館からのメッセージとはいえないと思います。なぜその展示をつくったのかという、その時代についての、博物館からの何らかの働きかけが必要です。琵琶湖博物館にも昭和三〇年代の再現展示がありますが、ここでのメッセージは、当時の水利用に特化して、現在の自分の暮らしと昭和三〇年代とを比較することで、自分の暮らしについて振り返ってみよう、ということに置いています。したがってここでは展示からの情報によって、それを見た来館者が、自分の体験と比較しながら、自分の暮らしについて考えるということを期待しています。

このように来館者が、展示との対話を通して自分の知識や経験を振り返ることができたときに、展示と来館者とが「つながった」、と考えられるように思います。

来館者は、展示をつくった側の意図に全く反した展示の見方をすることが多い、ということはすでに多くの事例が報告されています。それは展示を見る人はその時の自分の関心事や興味をもっていること、あるいは自分の経験や知識の範囲内で展示から得た情報を処理しようとするからです。展示室は教育の場ではなく、来館者個々人の発見があり、自分の知識をもとにして考えることを楽しむ場でありたい。それならば逆に、展示を見る側の多様さを認めて、その人なりに考えることができるような情報を準備するという展示が考えられると思います。

そしてこれを認めてしまうと、博物館と来館者との関係は、微妙に変化していきます。つまり博物館は一方的に来館者に教える立場ではなくなり、博物館は逆に来館者から、いろいろな情報を得ることができるようになる、来館者が展示室で主体的に考えたとき、その人だけがもつ個人的な情報が思い出され、はじめてその人は納得するでしょう。そしてその新鮮な体験を人に伝え、残して帰りたいと思うものです。こうして、地域の個人史が博物館に蓄積されていけば、博物館は、いながらにして情報を収集することができます。このように博物館と来館者とが相互に情報を交換できるようになったときに、本当に両者が「つながる」のだと思います。

そしてこのような展示の考え方は、自然史系の博物館よりも、むしろ歴史民俗系の博物館のほうがふさわしいのではないかと思います。なぜならば、誰もが自分が暮らす地域の歴史を背負って、現在を暮らしているからです。展示室での博物館の役割は、来館者に多くの知識を伝えることではなく、展示や博物館活動を通して、自分の日常について考えるきっかけをつくることであろうと思います。

竹内　自然史系、環境系の博物館と歴史民俗系の博物館では多少違いがあるのかもしれません。先日、千葉県立中央博物館で行なわれたシンポジウムに参加してきたのですが、県立博物館の統廃合に対する再検討を求めるためのシンポジウムで、県民主催によるものでした。環境保護運動に関わっている人たちが中心となって行なわれたものでしたが、そこで受けた印象は、自然系だと運動や生活と結びつきやすいのではないか、歴史系の博物館では同じようにいくのかどうかと考えてしまいました。郷土史家と呼ばれるアマチュアの歴史研究者はたくさんいると思いますが、そういう人たちの情報や研究成果を博物館が展示に活かしていくことはあまりしていないのではないかという気がします。市民の情報を受け入れ、展示に活かすという点では、歴史系の博物館は自然系に比べて消極的な気がします。

吉田　歴史系博物館も可能なのではないでしょうか。社会のなかに蓄積されているのは一種の資源だと思います。それをどう取り込んでいくかは、歴史系であろうが、民俗系であろうが、自然系であろうが同じ課題だと思います。

布谷さんがお話しされた、来館者が知っていることから始めるというのは、重要な指摘ですが、民族学の博物館の場合、来館者の知っていることがほとんどないような地域を対象にすることが多くあります。その点で言うと、民族学博物館については少し違うかなと考える方もいらっしゃるかもしれませんが、異文化の問題を理解するときにも、それを自分の問題として理解しなければ、他人事で終わってしまいます。その意味で言うなら、やはり、民族学博物館の展示も、来館者の知っているところから始めるという態度はとても大切なことだと思います。

今日、岩城さんが身近なものから惹きつけていくことが大切だとおっしゃいましたが、これは歴史系、民俗系であろうが一番大事なことだと思います。私はもともとアフリカを調査しています。アフリカは日本から遠く、どんな展示をしても来館者にとっては他人事で終わってしまいかねない地域です。しかし、たとえば、民族紛争による虐殺問題ひとつを採り上げても、虐殺は若者（小中学生）の暴力で、制止がきかず暴走してしまった結果起こっている場合が非常に多いわけです。これはわれわれが抱えている青少年の暴力の問題と全く同じ構図をもっています。ですから、けっして彼らだけの問題ではありません。どんな問題であろうと、自分の問題だと捉えない限りは、結局は何を伝えようとしても伝えられないと思います。その意味では、岩城さんや小島さんがおっしゃった、身近なものから惹きつけていくことがやはり重要で、展示や博物館はその入り口だけでよいだろうと私も思っています。身近なものから大きな広がりがあるところにつなげていくような最初のきっかけをどう与えるか。それができれば、博物館や美術館の役割の大方は達成されているのだろうと思っています。

久留島　私もそう思います。

いろいろな問題を出していただいたと思いますが、時間の都合で最後のまとめができません。二〇〇三年一一月には、国際シンポジウム「歴史展示を考える―民族・戦争・教育―」を開催する予定です。歴史民俗系博物館の展示のもつ固有の問題について、議論を深めることができればと考えています。ふるってご参加いただければ幸いです。また、今日のフォーラムに関してもう少し議論したいと考えておられる方は歴博にメールをいただければと思います。

これからの博物館のあり方については、みなさんと一緒に考えることが大事だと改めて認識すると同時に、実際に一緒に何かをやっていきたいと思っています。どうもありがとうございました。

＊当日の討論では、群馬県立歴史博物館に二〇〇二年八月まで館長として活躍されていた峰岸純夫さんにもご意見をいただきました。本書では「特別寄稿」としてご執筆いただきました。（→二三〇ページ）

特別寄稿

歴史系博物館における体験学習と教育普及活動の位置と役割

峰岸　純夫

はじめに

私は、一九九七年八月から二〇〇二年八月まで、群馬県立歴史博物館（以下、「群馬県博」）の館長（非常勤）として館が立地する高崎市郊外の「群馬の森」に通った。ただし、最初の半年は本務校の大学との関係で「総合アドバイザー」という名称であったが実質的には館長職であった。

就任するときに、私に要請された課題は、①開館以来二〇周年を経過したので、その記念展「東アジアのなかの綿貫観音山古墳」を韓国公州《コンジュ》・中国太原《タイゲル》の博物館の協賛を得て行なうこと、②開館以来の懸案であった民俗展示館の開設と常設展示のリニューアルを実現し、③

曲がり角にきた群馬県博の組織・運営方法を見直し、二一世紀に向けた足腰強い博物館をつくること、などであった。そのために、私なりに全力を尽してこの課題に立ち向かった。

①はいろいろ苦労が多かったが、館が一丸となって取り組みほぼ成功裡に終了し、多くの成果が上げられ、国際学術交流にも寄与することができた。②は厳しかった。以前の二度の挫折経験をふまえて、予算枠をかなり絞りこんで実現可能と考えられる計画案を作成したが、財政事情悪化の中での財政当局の同意までにいたらず私の任期中に実現することができなかった。その課題を次の黒田日出男館長に引き継がざるを得なかった。民俗棟を独自につくることは無理と考えられていたので、人気の高い体験学習と結びつけて行なおうとしたが、ついに理解が得られなかった。

③は、どこでも似たようなことがあると思われるが、難問が山積していた。学芸課・教育普及課のそれぞれの学芸員および総務課の事務職員が、職務を一生懸命こなしているが、どうも連係がうまくいっていない。私はこれを「たこつぼ戦争」と命名し、館内の人事交流や役割分担の見直しなどによってその改善を図った。すなわち、学芸課の職員の一部を教育普及課に廻し、教育普及課も展示を行なう道を開いた。

開館以来、企画展示・常設展示と、歴史資料の収集保管を担当する学芸課は博物館の本流を自負し、ほかを下請けとみる意識があるように見受けられた。開館当初は学芸課が二課あったが、その後教育普及課が設けられ、学芸課は大所帯の一課制となった。教育普及の仕事は課成立以前は「博物館友の会」に任せっきりだった。課成立後、体験学習室が設けられ、応募したボランティアの方々の援助によって学校団体や個人を対象にした体験学習が活発に行なわれるようになった。

本稿で採り上げる体験学習・教育普及活動とは、一般市民・児童生徒などを対象にして館が館内・館外で行なうところの見る・聞く・歩く・触れる・つくる・体験することなどの諸活動である。これらを通して、地域や日本・世界の歴史に興味や関心をもたせ、歴史的・主体的にものを考えることのできる人間の育成をめざすもので、しかもみんなで楽しみながら行なうという活動である。館の事業の中心をなす学芸課が主体となって行なう常設展示・企画展示も広い意味では教育普及活動と捉えることもできるが、ここでは展示活動以外の活動に主として焦点を当てて述べることにする。

博物館友の会と教育普及活動

「友の会」を一貫して担当した嘱託職員の女性は、薄給にもかかわらず頑張って頑張って会を育て上げ、教育普及課の一人の学芸員の協力を得て二五〇〇名近い県立博物館ではトップクラスの会に育て上げた。「あるく寺子屋」という県内の史跡めぐりを各地の地域研究者や資料館・博物館の協力を得て実施し、さらには国内・国外（主として中国）の史跡旅行を企画して一般県民の人気を高めた。会が実施する講演会もタイムリーな企画を次々と打ち出し、古文書研究会なども組織し成果を上げた。

友の会の役員は県内各地の有力者を中心に構成され、「一大独立軍団」を形成する観があり、館の行事とはほとんど無関係に年間行事が組まれていた。しかし、開館以来の役員の高齢化が進み、足腰が弱くすべての実務は館の職員によって行なわれていた。理念としては、館と会は「車の両輪」ということであったが、一方の車は屋根の上に乗った状態で走っていたと思う。ボランティアの任意団体が館の職員を専従のように使役し、体験ツアーは職員がすべてお膳立てして同行し、その経費を館が負担することの問題点はしばしば監査の指摘を受けていた。また、会の行事への参加は会員以外には認められなかった。この点は非会員から館の職員が担当する行事の扱いが不平等であるとの批判があった。発足当初は会の育成ということでこのようにしていたのが、その後見直しがされずに二〇年以上も慣習化されていたのである。加えて会員は入館料がすべて無料で、館の財政収入には寄与しないということも問題であった。

長期にわたる役員会との折衝の末に、会財政で会の事務員（主として経理を担当）を雇う、海外・県外旅行には館の職員を同行させない、「あるく寺子屋」は館との共催行事にして職員が担当し、会の主催行事に非会員の参加を認める、会員の入館料を一部有料にすることなど、役員の一部からは強い反発があったが了承してもらい、新しい体制に切り替えることができた。

この経過は、博物館友の会のあり方論をめぐる館と友の会の意見の相違をどうやって克服するか、また両者の連携をどのように築くかという問題を投げかけている。抜き差しならないところまで野放しに放置してきた館にも責任の一端があると思う。友の会の育ての親ともいうべき嘱託職員の女性は年齢で退職したが、彼女の半生は友の会に捧げられたと言ってよい。後任の嘱託職員が迎えられ、会計実務担当の友の会雇いのパートの方と新体制で会を運営することになった。役員の交替も行なわれ、年齢構成も引き下げられた。「あるく寺子屋」などの教育普及活動も館との共催となり非会員の参加も認められて風通しのよいものとなった。二〇〇三年度には念願のミュージアムショップ開設・経営が企画され、友の会の新たな一歩が踏み出されようとしていると聞く。

体験学習の盛況

私の赴任の一年前に、一人の学芸員が学校現場から教育普及課に転勤してきていた。博物館の学校連係の必要性を考えた前館長が県内で教材を工夫作成し、ユニークな授業実践を行なっているとの情報を得て引き抜いてきたという。彼は博物館に対し古い言葉でいうと「滅私奉公」し、学校および児童生徒向けの館の体験学習システムを構築した。学級を単位にしてどのように学習を展開していくか、その素材を何にするか、在勤の五年間、彼の頭は寝てもさめてもそのことに集中していた。

体験学習のメインは火起こし体験である。館の中庭の樹木の下の一角に車座になってこれから始まる火打ち石・舞ぎり、きりもみの三工程のやり方と注意点をみごとな話術で話し、自分で火起こしをして見せる。彼の手の甲はタコだらけであった。子どもは目を輝かせて見つめ、アッという間に煙が出て火がつく様に驚く。その後は二つのグループに分けて火起こしを行なわせる。募集した体験ボランティアの方々と引率の先生がアシスタントとして各場所に配置される。子どもが実際やってみると、そんなたやすく火が付かないことがわかる。器用・不器用、短気やねばり強さなどさまざまな子どもがおり、うまくいかずに泣き出す子、キレて怒りだし機材を放り出す子もいる。しかし最後には全員火を起こすことができて笑顔で修了書をもらう。この汗を流した体験によって、人類が長い間このように火を起こし続けてきた歴史を体感するのである。ボランティアの方々も、達成したときの子どもの笑顔を見るのが嬉しくてやめられないという。

ボランティアのリーダーとしては、高校の校長さん（担当者の恩師）が定年後に嘱託職員として館に配置され、望んで体験学習の補助となった。彼は前歴をかなぐり捨てて担当者を支えて体験の優しい「鬼」となった。この二人の人柄と熱心さに惚れ込んでボランティアの輪は次第に広がっていき、体験学習参加の学校が県内・県外に広がっていった。とりわけ、群馬県内に山の家などの施設をもつ都内の小学校が、その集団合宿の行程の中に館の体験学習を組み込むことが広がってきて、県内の参加と同程度の参加に拡大されてきて活況を呈し、いまや体験学習は館の看板となってきた。館が、集団の体験学習の実施に踏み切ったときに、学芸課の中から異論があり、試行的にということで始まったという。そのようなものは、博物館でやるものではなく市町村の公民館でやればいいのだ、という声は私の赴任後にも聞かれたが、その実績をまえに批判はやがて消し飛んでしまった。

館の体験学習は、この集団体験学習に留まらず、体験学習室で行なわれる企画展がらみや独自のものづくりも多く行なわれた。教材の工夫や作成は担当者や元校長さん、そして多くのキャリアーや技術をもつボランティアの人のノウハウが活かされ、安価で容易につくれる教材が選択された。休日の体験学習室はいつも父母と子の工作でにぎわいを見せ、冬の季節にはここでつくられた凧が群馬の森の公園広場を舞っていた。

やがて、担当者は中学校の教頭に転任となり私より半年早く館を去っていくことになった。これでもう従前の体験学習はキープできないかなと思っていたが、新しく赴任した方はこれまた熱心な方で、この方式を引き継ぎ頑張っており、任期を終えた嘱託職員の元校長さんは今度はボランティアとして体験学習を支えていると聞く。偉い人だと思う。

子どもミュージアムスクール

体験学習のもう一つの場は、子どもミュージアムスクール（少年歴史探偵団）である。県内から応募した小学生たちが、土曜日に館の内外の体験学習の場を設定し活動している。群馬町にある「かみつけの里博物館」と共催して遺跡めぐりを行なったり、ものづくりの活動を行なったり、新聞「ヒミコ」を発行したりしている。古代古墳の石材輸送を追体験させるために、館の近くに立地している国指定史跡綿貫観音山古墳の石室の天井石となった牛伏砂岩が、そこから一〇キロ離れた鏑川支流の大沢川に露頭していることから、子どもたちにこの道程を歩かせ子どもたちの能力に合わせた重さの石を運ばせた。これは大変だったが、子どもたちも喜んだ快挙であった。最近では、スクールのメンバーを低学年にも押し下げ異年齢構成にして、その共同性の育成を図っているという。

なお、「かみつけの里博物館」には当時若狭蔵之助氏というすぐれた学芸員がおり（現在、町文化財勤務）、体験学習にすぐれた実績があり、また古墳の形象埴輪の配置問題から古代豪族の継承儀礼の様相を解き明かし、その研究成果に基づく企画展でも注目された。

企画展の中の体験学習・教育普及的要素の視点

今日では、常設展や企画展の中に体験学習的な場を設定することが求められているように思う。学芸員の中には、展示場の外のフロアーなどに展示と関係する体験コーナーを設けて、そこで子どもたちを遊ばせてしまえばよいと考える人が多い。このような体験特設コーナーが人気を呼び連日のにぎわいを見せることも多い。子どもがここで遊んでいる間に、親にはゆっくり展示を見てもらおうという算段もある。この場合、展示そのものは子どもにとって学習の対象外になってしまいがちである。

しかし、展示も子どもに対してその好奇心を刺激する情報を発信する必要がある。「縄文創世」という考古の企画展の時、一つの原石が細かく砕かれて広域に散乱していたのを集めてまとめた大きな石核が展示された。表示にはどこそこ遺跡の石核とのみ記され、専門家はともかく多くの子どもも大人もそこに足を留めることなく通り過ぎていた。私は、展示開設後にこれはどのような遺物で、何を私たちに示してくれるものか考えさせるパネルを追加することを担当学芸員に依頼した。「縄文文化の十字路」という展示では、縄文土器の文様が地域を越えて広がることに着目させたすぐれた展示企画だと思ったが、その集大成ともいうべきメインのコーナーがその事実指摘に留まっていて、その背景に踏み込む視座が欠けている点を指摘して改善を求めた。学芸員は学会で結論が出ていないといったが、仮説的にでも、物を入れた容器として土器そのものが移動した、技術者が移動した、集落が集団で移動した、などなど想定されることを示して観覧者に考えさせるパネルを追加してもらった。

群馬県博では、年五回の企画展が組まれている。メイン春夏二回の企画展は比較的学術性の高いもので学芸員が長年にわたって研究し構想を練ってきたものがテーマ展示として実現される。この中に、ときおり他館と共同開催の持ち込み企画も行なわれるが、その場合でも館の創意の部分を展示の中に付け加えることを方針と掲げている。これは一つの館の主体性に関わる見識と思っている。

二〇〇一年秋の企画展「古代の道―たんけん!東山道駅路」は、新しい企画展の一つのあり方を示す画期的なものであった。県教育委員会の派遣留学生として半年間イギリスの博物館で学んだ担当学芸員が、近年の発掘調査による古代道の新研究をもとに、思い切った体験学習・教育普及の手法を導入し、陸奥から都に上る役人と駅使のコンビの目を通してみる道の姿を再現し、これと観覧者がいっしょに歩き考えるという展示構成になっている。子どもたちに対しては解説員の女性たちが密着して学習の手助けをして、子どもたちは駅ごとに出されるクイズに答えながら都まで行ってゴールとなる。考えながら、楽しみながら古代の旅を追体験するというものになっていて話題を呼んだ。このような手法は展示のテーマによっては大変有効だと思う。

企画展は、長期にわたる準備を必要とし、学芸員はその準備のために骨身をけずる職人でもある。この学芸員の「敵」は降ってわいたような人事異動である。教育委員会は、人事異動のコマとして博物館の事情を配慮せずに企画展示の開催の近い学芸員をも移動させてしまい、館と当該学芸員に多大なダメージを与えることがしばしばある。このために期待された企画が挫折に及ぶこともあった。

夏の企画展と年明けの「むかしの暮らし」は、思い切って子どもを含む家族や学校のクラス見学を対象にした内容にしている。前者は、体験学習を思い切って導入して、楽しい雰囲気を盛り上げ連日県民や帰省した都会の家族でにぎわう。後者は、昔といっても戦前・戦後の生活用具を展示してその変遷を理解させ、おじいさん・おばあさんを中心に三世帯の家族が展示物のまえで話し合う光景がしばしば見られ人気の定番となっている。一般的には博物館に人の足が遠のく一月から二月に活況を呈する。ウィークデイには学校から授業の一環として団体見学でにぎわいを見せている。しかし、学習指導要領の変更でこの時期の開催が適当か否かの検討が要請されている。

年度末の最後の展示は、恒例の新収蔵展である。年度内に購入ないし寄託を受けた収蔵品を一堂に展示しお披露目をする。このところかなり重要な資料が館蔵となり話題を呼んだ。二〇〇二年度は、山形県から小林文書（中世）、県内から高山文書（中世・近世・近現代）が寄贈・寄託されて展示された。その展示会場に同日同時刻に、小林家と高山家の両家の方々が偶然に出会った。この両家は、上野国高山御厨を基盤とした同族の武士で、戦国時代の終幕とともに高山家は旧所領に土着し、小林家は近世大名の水野氏に仕官して諸国を経巡った後に明治維新で山形に土着して今日に至っている。両家とも昔の同族であったことは知っていて、私が紹介すると両家の方々は先祖のお引き合わせだと言って四〇〇年ぶりの邂逅にしばし喜び合った。心なしか五〇代の二人の当主の方の顔がよく似ていたのが印象的であった。

博物館に限らず、体験学習・教育普及活動を展開している施設は、社会教育施設そのほか多く存在する。なかでも、各都道府県の埋蔵文化財センター（事業団）は発掘資料の公開と合わせてこの活動を行なっているところが多い。群馬県の埋蔵文化財調査事業団は、その内部に情報センターを設置して主として子ども向けの体験学習・教育普及活動のさきがけをなし、学校への出前講座を含めて活発な活動を行なって成果を上げている。

栃木県の埋蔵文化財センターを訪れた折、ちょうど小学生のクラスを迎えて体験学習が行なわれるところであった。何を教材にしているのかと質問すると縄文土器の編年を行なうというので驚いていると、担当者は私に「モーニング娘。年表」というプリントを手渡した。「モーニング娘。」はテレビで人気の歌と踊りのグループで多くの小学生はその顔写真入りの下敷きを持っている。ところがこのグループのメンバーには変遷があり、年表によってその変遷を確認し、年代記載のない下敷きの「モーニング娘。」の年代を当てさせる。それによって時間とともに変化する実態を時期ごとに区切る歴史編年の概念を把握させたうえで、縄文土器の器形と文様に及ぶというのである。ここでは、アイドルの〇〇ちゃんが、縄文土器の諸磯《もろいそ》ちゃんや加曽利《かそり》Eちゃんに代わるのである。小学生は熱中して縄文土器の編年をマスターしてしまうということであった。担当者は、娘といつも「モーニング娘。」を見ていてその教材化に気がついたという。その話に私は感銘を深めた。子どもに密着した題材を活かしてことの本質に迫る意気込みと、その担当者の発想の豊かさに学ばせられた。

おわりに

博物館における体験学習や教育普及的活動の比重は高まっており、この傾向はますます拡大されていくと思う。これらを館の活動の中にしっかりと位置付け、突出した「英雄」（スーパーマン・スーパーウーマン）の力にのみ依存するのではなく、集団的にシステム化して行なう必要があると思う。博物館の展示は学芸課のみでやるのでないのと同様に、体験学習・教育普及の仕事は教育普及課のみの専売特許ではない。それらの協業と分業の有機的体制がどのように構築できるかが、今後の博物館の盛衰を決定づけるのではないかと考えている。

特別寄稿●歴史系博物館における体験学習と教育普及活動の位置と役割

おわりに

著者略歴

久留島　浩（くるしま・ひろし）
国立歴史民俗博物館歴史研究部　教授
一九五四年広島県生まれ。東京大学大学院人文科学研究科国史学専攻修了。東京大学文学部助手、千葉大学教育学部講師、助教授、国立歴史民俗博物館助教授を経て、現職。現在、総合研究大学院大学教授を兼任する。専攻は日本近世史。おもな著書・論文は、『近世の社会的権力』（共編著一九九五年、山川書店）、『支配を支える人々』（編著二〇〇〇年、吉川弘文館）、「これからの歴史系博物館について」『二一世紀の文化財』（共著二〇〇一年、名著出版）、『近世幕領の行政と組合村』（二〇〇二年、東京大学出版会）等。

吉田　憲司（よしだ・けんじ）
国立民族学博物館　教授
一九五五年京都府生まれ。大阪大学大学院文学研究科博士課程修了。大阪大学助手、国立民族学博物館助手、助教授を経て現職。現在、総合研究大学院大学教授を兼任する。専攻は文化人類学。おもな著書・論文は、『仮面の森―アフリカ・チェワ社会における仮面結社、憑霊、邪術―』（一九九二年、講談社）、『異文化のまなざし』（共編一九九七年、ＮＨＫサービスセンター）、『文化の「発見」』（一九九九年、岩波書店）等。

金子　淳（かねこ・あつし）
多摩市文化振興財団（パルテノン多摩）学芸員
一九七〇年東京都生まれ。東京学芸大学大学院教育学研究科修了。現在、日本女子大学非常勤講師を兼任する。

専攻は博物館学。おもな著書・論文は、「ファシズム期における日本の博物館政策」『新博物館態勢―満洲国の博物館が戦後日本に伝えていること』（一九九五年、名古屋市博物館）、「博物館の『政治性』をめぐって」『博物館史研究』八（一九九八年）、『博物館の政治学』（二〇〇一年、青弓社）等。

青木　俊也（あおき・としや）

松戸市立博物館 学芸員

一九六一年神奈川県生まれ。武蔵大学大学院人文科学研究科修了。専攻は日本民俗学。おもな著書・論文は、「明治初期法令資料からみた葬基習俗と国家規制の研究」『日本民俗学』二〇八（一九九六年）、「展示をつくる思考―『福神の世界』展の記録―」『松戸市立博物館紀要』三（一九九六年）、「現代史展示の実際―2DKの生活再現をめぐる問題―」『松戸市立博物館紀要』六（一九九九年）、『団地2DKの暮らし―再現・昭和三〇年代―』（二〇〇一年、河出書房新社）等。

小島　道裕（こじま・みちひろ）

国立歴史民俗博物館歴史研究部 助教授

一九五六年神奈川県生まれ。京都大学大学院文学研究科国史学専攻修了。現在、総合研究大学院大学助教授を兼任する。専攻は日本中近世史、博物館教育。おもな著書・論文は、「博物館とレプリカ資料」『国立歴史民俗博物館研究報告』五〇（一九九二年）、「歴博の展示リニューアル」『博物館研究』三五―四（二〇〇〇年）、「イギリスの博物館で―博物館教育の現場から―」歴博ブックレット一六（二〇〇〇年）、「イギリスにおける博物館の現状―特に博物館教育について―」『国立歴史民俗博物館研究報告』九〇（二〇〇一年）等。

竹内　有理（たけうち・ゆり）
国立歴史民俗博物館 研究機関研究員
一九六九年愛知県生まれ。レスター大学大学院博物館研究科修士課程修了。専攻は博物館学。おもな著書・論文は、『ハンズ・オンとこれからの博物館』（共訳二〇〇〇年、東海大学出版会）、「博物館利用者の開拓」『文環研レポート』一五（二〇〇一年）、「展示室における観客の観覧行動と記憶および理解に関する研究―近世展示の展示評価結果から」『国立歴史民俗博物館研究報告』（二〇〇三年）等。

岩城　卓二（いわき・たくじ）
大阪教育大学 助教授
一九六三年兵庫県生まれ。関西大学大学院博士後期課程単位取得中退。専攻は日本近世史。おもな著書・論文は、「近世村落の展開と支配構造」『日本史研究』三四九（一九九一年）、「地域博物館・歴史系博物館に求められているもの」『ヒストリア』一六七（一九九九年）、「御用宿」『近世の身分的周縁五　支配にささえる人々』（二〇〇〇年、吉川弘文館）等。

布谷　知夫（ぬのたに・ともお）
滋賀県立琵琶湖博物館 総括学芸員兼研究部長
一九四八年大阪府生まれ。京都大学大学院農学研究科修士課程修了。専攻は博物館学。おもな著書・論文は、『博物館を楽しむ』（共著二〇〇〇年、岩波ジュニア文庫）、『施策としての実践的博物館評価』（共著二〇〇一年、雄山閣）、「博物館評価の考え方と事例」『博物館学雑誌』（二〇〇一年）、「博物館資料の研究およびその利用」『博物館学雑誌』（二〇〇一年）、「博物館資料としての情報」『博物館学雑誌』（二〇〇二年）、「日本における地域博物館という概念」『博物館学雑誌』（二〇〇三年）等。

峰岸　純夫（みねぎし・すみお）
國學院大學大学院 講師・東京都立大学 名誉教授
一九三二年群馬県生まれ。慶応義塾大学院修士課程修了。宇都宮大学教育学部、東京都立大学人文学部、中央大学文学部教授を経て、現職。専攻は日本中世史、中世東国史、宗教史。おもな著書・論文は、『中世の東国―地域と権力―』（一九八九年、吉川弘文館）、『浅間火山灰と中世の東国』（共著一九八九年、平凡社）、『中世災害・戦乱の社会史』（二〇〇一年、吉川弘文館）、『日本中世史の再発見』（二〇〇三年、吉川弘文館）等。

本書は、科学研究費補助金「生涯学習時代における博物館教育・教育員養成および歴史展示に関する総合的研究」（基盤研究B(2),2000～2003年度）の成果の一部です。

歴史展示とは何か　歴博フォーラム　歴史系博物館の現在《いま》・未来《これから》

平成15（2003）年11月15日初版

編者／国立歴史民俗博物館
著者／久留島浩・吉田憲司・金子淳・青木俊也・小島道裕・竹内有理・岩城卓二・峰岸純夫
発行者／横山　光衛
発行／株式会社アム・プロモーション
〒108-0074　東京都港区高輪2-1-11-230
TEL：03-5449-7033　FAX：03-5449-2023
E-mail：um@cia.co.jp
URL：http://www.musse-um.co.jp
編集協力／有限会社パクスパーク
編集担当／山下治子・針生睦美
本文・カバーデザイン／渡辺祐一（シーアイエー）
印刷・製本／シーアイエー株式会社

ISBN 4-944163-27-4

日本人は爆発しなければならない
復刻増補　日本列島文化論

岡本　太郎
泉　　靖一　著

岡本太郎、幻の著書とされていた1970年刊行の『日本列島文化論　対話岡本太郎・泉靖一』。初版だけで絶版となっていた本書を脚注や解説、写真などを加えて復刻増補版とした。縄文、メキシコ、沖縄、東北の文化についての丁々発止のやりとりは痛快で、その論は現在でも新鮮な響きをもって読者を魅了するに違いない。万国博覧会の準備のさなかに行われた対談で、その時代背景も読むに興味深い。

本体1,800円　224p　A5判　ISBN4-944163-17-7

学ぶ心を育てる博物館「総合的な学習の時間」への最新実践例

博物館と学校をむすぶ研究会　編著
金山喜昭・平岡　健
長島雄一・古澤立巳
廣瀬隆人

2002年から始まる「総合的学習の時間」に教育現場はどう取り組むか。
博物館の現場の執筆者たちが、自らの体験を踏まえて博物館と学校教育の連携、融合を呼びかける。各地の20事例も授業のくみたてに参考になる。現場の教師、教員を目指す学生、博物館関係者などにぜったい力になる本。〈UM Books〉

本体1,500円　128p　A5判　ISBN4-944163-14-2

愛知のミュージアム　公式ガイドブック

愛知県博物館協会
名古屋市博物館　編

愛知県博物館協会に加盟する125館、非加盟館約125館の情報を満載。
愛知県博物館協会のワーキンググループが、展覧会「いこまい！愛知のミュージアム」の図録として編集した、公式ガイドブックがついに登場。

本体1,300円　224p　A5版変形　ISBN4-944163-20-7

牧野富太郎植物画集

高知県立牧野植物園
(財)高知県牧野記念財団　編著

高知県が生んだ世界的な植物分類学者牧野富太郎は日本の植物分類学の基礎を築き、植物学史に大きな足跡を残した。博士は植物図の才能にも秀でた。これら貴重な植物図を収蔵する牧野植物園が、博士が発見命名した植物を中心に精選した画集。巻末に解説あり。

本体1,500円　64p　A4判　ISBN4-944163-13-4

ミュージアムショップに行こう！
そのジャーナリスティック紀行

山下　治子　著

ミュージアムの王道からすれば、ミュージアム・ショップやグッズは枝葉末節かもしれない。しかし、ときにはその枝葉末節こそが主役になりうるのである。本書は、「月刊ミュゼ」の取材をもとに各地のミュージアム・ショップやグッズを紹介し、さらにもう一歩ジャーナリスティックに踏み込む紀行である。〈UM Books〉

本体1,600円　224p　A5判　ISBN4-944163-16-9